Dittersdorfiana

Da Capo Press Music Reprint Series

GENERAL EDITOR
FREDERICK FREEDMAN
VASSAR COLLEGE

Dittersdorfiana

By Carl Krebs

DA CAPO PRESS · NEW YORK · 1972

Library of Congress Cataloging in Publication Data

Krebs, Carl, 1857-1937.
    Dittersdorfiana.

    (Da Capo Press music reprint series.)
    Reprint of the 1900 ed.
    CONTENTS: Carl Ditters v. Dittersdorf.—Biographisches
und Randglossen.—Verzeichniss der Werke C. Ditters von
Dittersdorf's nebst zeitgenössischen Beurtheilungen
(p.   ) [etc.]
    1. Ditters von Dittersdorf, Karl, 1739-1799.
    2. Ditters von Dittersdorf, Karl, 1739-1799—Bibliog-
raphy. I. Hermés, Johann Timotheus, 1738-1821.
II. Title.
ML410.D6K8   1972   780'.924 [B]   72-166092
ISBN 0-306-70259-2

Da Capo Press, Inc.
A Subsidiary of Plenum Publishing Corporation
227 West 17th Street, New York, N.Y. 10011

Dittersdorfiana.

Von

Carl Krebs.

Berlin.
Verlag von Gebrüder Paetel.
1900.

Vorwort.

In gelegentlicher, oft unterbrochener Arbeit hatte ich ein Verzeichniss der mir zugänglichen Werke Dittersdorf's angefertigt, das zu veröffentlichen schon deshalb geboten schien, um Anderen, die etwa auf denselben Wegen pürschten, Zeit und Mühe zu sparen. Dieser Katalog, dem von zeitgenössischen Urtheilen über die einzelnen Stücke so viele beigegeben waren, als sich auftreiben liessen, sollte erst für sich allein gedruckt werden. Doch da ich einmal Presse und Verlag in Bewegung setzte, dachte ich, es könnte nicht schaden, wenn auch andere auf Dittersdorf bezügliche Schriftstücke und Data beigegeben würden, damit, wer etwas über ihn wissen wollte, gleich Alles bei einander fände. So nahm ich noch den kurzen, zu diesem Behuf etwas erweiterten Aufsatz von mir, der im Maiheft der „Deutschen Rundschau" erschienen war, hinzu — bei dieser Skizze musste es sein Bewenden haben, da Dittersdorf's Werke zu unvollständig erhalten sind, als dass ein vollkommen durchgeführtes Bild seines Schaffens entworfen werden konnte — und fügte an, was mir sonst von Dittersdorfiana bekannt geworden war: Einiges über

Person und Familie des Künstlers, die beiden Abhand-
lungen, die er in der „Leipziger Allgemeinen Musikalischen
Zeitung" veröffentlicht hatte, endlich die merkwürdige,
vom Probst Hermes herrührende Analyse der Meta-
morphosen-Sinfonieen. Auf solche Art ist dies kleine Buch
entstanden, dessen Haupttheil immer noch das thema-
tische Verzeichniss der Werke bildet. Vollständig ist dies
natürlich nicht. Viele Compositionen Dittersdorf's scheinen
überhaupt verloren zu sein, andere mögen in Privat-
bibliotheken vergraben liegen. Was ich habe zusammen-
tragen können, ist trotzdem viel mehr. als bis jetzt bekannt war; und vielleicht gibt dieser Katalog Veranlassung, dass Besitzer unbekannter Werke Dittersdorf's
sie ans Licht bringen. Jedem, der auf irgend eine Weise
das Material vervollständigen hülfe, oder der mich auf
Versehen, die gewiss nicht fehlen werden, aufmerksam
machte, würde ich dankbar sein. Danken will ich hier
auch allen Denen, die mich bei meiner Sammelarbeit
unterstützt haben. Es sind ihrer zu Viele, um sie nament-
lich aufzuführen; nur Herrn Oberbibliothekar Dr. Kopfer-
mann in Berlin, Herrn Dr. Fleischer, Secretär des
Domkapitels in Frauenburg und Herrn Oberlehrer Adolf
Kettner in Freiwaldau, deren Liebenswürdigkeit un-
ermüdlich war, kann ich nicht ungenannt lassen.

Berlin, im Juni 1900.

Carl Krebs.

Inhaltsverzeichniss.

Carl Ditters von Dittersdorf.

(2. November 1739 — 24. October 1799.)

Biographisches und Randglossen.

Das Jahrhundert, das seit dem Tode Dittersdorf's verflossen ist, hat seine künstlerische Persönlichkeit vollständig in Geschichte aufgelöst. Jetzt nennt man vielleicht seinen Namen mit einiger Achtung, um seine Werke aber kümmert sich kaum Einer mehr, es sei denn zu Jubiläumszwecken. Und doch sind von ihm Wirkungen ausgegangen, die in ihren letzten Wellen noch heute nachzittern. Nicht auf dem Gebiete der Instrumentalmusik. Dort haben seine Schöpfungen für uns wenig mehr Bedeutung als die historischen Füllmaterials. Sie deckten den Tagesbedarf in hervorragender Art; sie hatten ihr grosses, anhängliches, ja begeistertes Publicum, — Keime jedoch, die aufwachsen und in späterer Zeit Früchte tragen konnten, bargen sie nicht. Sie waren Alter, nicht Jugend. An den geistig ihm verwandten, aber viel feineren und originaleren Haydn reichte Dittersdorf nicht heran, und Mozart und Beethoven gar, sowie die Romantiker haben dafür gesorgt, dass seine Concerte, Sinfonien, Kammermusikwerke bald vergessen wurden. Ebenso wenig hat er als Oratoriencomponist einen Einfluss erlangt, der über seine Lebensdauer hinausreichte. Seine komischen Opern dagegen trugen der Gattung etwas wesentlich Neues zu. Diese Art, burleske Handlungen mit einer Musik zu umgeben, die für sich selbst Werth hatte, die gut erfunden und gut gearbeitet war, die sich mit den Gewändern der italienischen Oper nicht übel drapirte und für das Charakteristische treffenden Ausdruck fand, diese Art war damals für das deutsche Singspiel nicht erhört.

Mozart's „Entführung" kann zum Vergleich nicht herbeigezogen werden, weil sie als ganz vereinzelte Erscheinung unerreichbar hoch über dem Durchschnitt stand. Sie schlug nicht Alles nieder, wie Goethe meinte, sondern sie hatte vorerst wenig Publicum, das sie ihrem ganzen Werthe nach zu würdigen vermochte, und fand sobald keine Nachfolge, wie das bei Werken des Genies zu geschehen pflegt. Was sonst aber im deutschen Singspiel an Musik vorkam, wurde durch Dittersdorf, der die Vortheile der französischen und italienischen Oper klug mit dem Wesen deutscher Musik zu verbinden wusste, sehr in den Hintergrund gedrängt. „Der Apotheker und der Doctor" ist ein Typus geworden: die deutsche Spieloper mit grossem Finale; und Hunderte von späteren Werken hängen durch stärkere oder schwächere Fäden mit diesem Erstling zusammen.

Dittersdorf's Selbstbiographie lässt kaum ahnen, wie tief diese Oper und die beiden anderen, die in demselben Jahre 1786 von ihm aufgeführt wurden, in das Musikleben ihrer Zeit einschnitten. Mit wenigen Zeilen gleitet

er darüber hinweg, während ihm für die Schilderung von
allerlei Gesellschaftlichkeiten und für die Erzählung von
allerlei Schnurren zehn und zwanzig Seiten nicht zu
viel dünken. Auch der anderen Bühnenwerke, die er
nach und nach schuf, geschieht kaum Erwähnung. Ganz
im Vorübergehen wird einmal gesagt, dass er noch mehr
Opern „zusammenstoppelte", die nebst jenen schon erwähnten auf vielen Bühnen Deutschlands aufgeführt
wurden. Nur zum Theil ist des Autors Bescheidenheit
Ursache dieser Zurückhaltung, zum anderen Theil hängt
sie mit der Art zusammen, wie das Buch entstand. Durch
gichtische Leiden gepeinigt, verarmt und verlassen, dictirte
Dittersdorf vom Krankenbett aus dem ältesten Sohn seine
Lebensbeschreibung in die Feder. Was ist natürlicher,
als dass er bei den glücklichen Tagen der Jugend am
längsten verweilte und Vieles, was ihm damals den Inhalt des Lebens ausmachte, was dem Leser jedoch häufig
unwesentlich erscheinen mag, mit behaglicher Breite dar-
stellte? Er hat darin so viel gethan, dass Karl Spazier,
der Herausgeber des Manuscriptes — Dittersdorf starb
zwei Tage nach der Vollendung des Dictats — um der
künstlerischen Oekonomie willen ganze Abschnitte aus-
scheiden musste. So rollt die Lectüre der amüsanten
Plauderei ein heiter belebtes Culturbild vor uns auf;
von der Musik jedoch ist da, wo die eigentlich ins
Weite gehende Wirksamkeit Ditters' beginnt, nur in be-
schränktem Maasse die Rede.

I.

„Ich komme nunmehr zu der wichtigsten Epoche
meines Lebens, nämlich zu meiner Erhebung in den
Adelsstand." So lautet ein Satz des Buches, und dieser

Satz gibt den Schlüssel zu Manchem, was in der kurz-
weiligen Historie absonderlich anmuthet. Die Anerkennung hervorragender Kunstgenossen freute Ditters
wohl, höher aber galten ihm Aeusserlichkeiten, wie die
Verleihung des Ordens vom goldenen Sporen, Gnaden-
beweise hoher Herren und dergleichen. Auf Ditters'
Charakter fällt durch diese für uns etwas eigenthümliche Auffassung von Künstlerehre kein Schatten, denn
er hat seine Manneswürde immer zu wahren gewusst,
sobald es wirklich darauf ankam. Dass er Werth auf
solche Dinge legte, war die natürliche Wirkung der
Lebensanschauungen, die er täglich um sich in Kraft
sah. Ist er doch in Hofluft gross und alt geworden.

Als „Kammerknabe" des Prinzen von Hildburghausen
verlebte er seine Jugend. Der Vater, ein Norddeutscher
von Geburt, hatte sich in Wien ansässig gemacht und
fand als Hof- und Theatersticker ein ansehnliches Aus-
kommen, das ihm erlaubte, seinen Kindern eine mehr
als durchschnittliche Erziehung zu geben. Carl's musikalische Anlagen wurden vornehmlich durch Joseph
Ziegler (den er übrigens consequent Zügler schreibt) aus-
gebildet, so weit, dass er die landläufige Violinmusik flott
vom Blatt spielte und, wie das damals üblich war, die
Reprisen der Soli mit Verzierungen ausstatten konnte.
Bei einer Sonntagsmusik in der Benedictinerkirche auf
der Freiung hörte ihn der berühmte Waldhornist Hubaczek
und führte ihn dem Prinzen Joseph Friedrich von Hildburghausen zu.

Der Prinz lebte in Oesterreich und lebte wie ein
österreichischer Grand-Seigneur, das heisst, in seinem
Haushalte spielte die Musik eine wichtige Rolle. Selbst
wer das schneidend scharfe Urtheil, das Max Maria von

Weber über den reichsdeutschen Adel fällt, nicht unter-
schreiben mag, selbst der wird zugeben müssen, dass bei
ihm von jener intensiven Musikliebe, die die österreichisch-
ungarische Aristokratie von jeher auszeichnete, wenig
oder nichts zu finden ist, wenn wir einzelne hervorragende Persönlichkeiten abrechnen. In Oesterreich war
es selbstverständlich, dass der Schlossherr eine Haus-
musik hielt. Ein Esterhazy verfügte über ein vollständiges
Opernpersonal nebst Orchester, Andere waren mit einem
Orchester allein zufrieden; und wer auch hierzu die
Mittel nicht hatte, brachte wenigstens eine Harmonie-
musik zusammen: Fagotte, Hörner, dazu Clarinetten
oder Oboen oder beide zugleich. Das Orchester, das
Don Giovanni zum Nachtmahl aufspielt, die fahrenden
Musikanten, die Wilhelm Meister unter die Fenster
seiner Mariane führt, blasen diese Instrumente. Die Zu-
sammenstellung bei Mozart und Goethe ist also keine
zufällige, sie entsprach dem Brauche der Zeit. Unter
der Dienerschaft grosser Häuser fanden sich gewöhnlich Einige, die ein Instrument handhaben, denn die
musikalischen wurden beim Engagement bevorzugt. So
kam zum Mindesten ein Streichquartett zu Stande. Bei
Alledem blieb die persönliche Eitelkeit ganz aus dem
Spiele; dies eifrige Musiciren geschah nicht einer Mode
zu Liebe oder aus Prunksucht und ähnlichen Ge-
lüsten, sondern aus einem wirklichen Herzensbedürfniss
heraus.

Die innige, demüthige Verehrung der Musik und
ihrer treuen Jünger war die liebenswertheste Eigenschaft
des österreichischen Adels und hat für beide, für Geber
und Empfänger, reiche Frucht gebracht; denn „jedem
grossen Namen in der Tonkunst gesellt sich, wie ein

Doppelstern, der Name des mächtigen Edeln, der den nicht auf Erden heimischen Genius stützte und trug, und wandelt mit ihm vereint durch die Unsterblichkeit" (Weber).

Für Ditters erfüllte der Prinz von Hildburghausen diese Sendung. Er war ihm ein zweiter Vater und wurde wie ein Vater von ihm geliebt und verehrt. Nach Rücksprache mit seinen Eltern nahm er ihn ganz zu sich, gab ihm Wohnung und Kost im prinzlichen Palais, kleidete ihn als Pagen ein und sorgte für Erziehung und Unterricht, der sich auf Religion, Lateinisch, Französisch, Italienisch, Fechten, Reiten, Tanzen, besonders aber auf Musik erstreckte. Des Prinzen Capelle war wohlbesetzt, und der „Hofcompositeur" Bonno hatte die Verpflichtung, die dreimal wöchentlich stattfindenden Uebungen zu überwachen und die wöchentlichen Aufführungen, die für den Adel Wiens an jedem Freitag stattfanden, zu leiten.

Diese Concerte standen im besten Ruf, nicht nur um der Leistungen des Orchesters willen, sondern weil in ihnen immer die vorzüglichsten Künstler, einheimische und durchreisende auswärtige, als Solisten auftraten. Ditters musste wie alle Anderen die Orchesterproben und Concerte mitmachen; dazu bekam er von einem gewissen Trani Unterricht im Violinspiel und wurde später von Bonno in der Composition unterwiesen. Ueber die Art dieses Musikunterrichts macht er nur hin und wieder verstreut kurze Bemerkungen. Sie sind aber bezeichnend genug, um einmal im Zusammenhang betrachtet zu werden. Trani gab ihm zuerst Locatelli'sche Sonaten in die Hand. „So altväterisch diese Sonaten zu jetziger Zeit klingen möchten, so will ich sie doch jedem angehenden Schüler auf der Violine — nicht zum Produciren, sondern zum

Exerciren — bestens empfohlen haben," sagt Ditters hierzu. Und Trani urtheilt selbst: „Locatelli'sche, Zuccarini'sche und Tartini'sche Stücke . . . sind zum Exerciren gut, aber nicht zum Produciren." Deshalb empfiehlt er zum öffentlichen Vortrag Ferrari'sche Concerte und Sonaten. Die Anschauungen haben sich inzwischen geändert. Heute gilt uns Locatelli nach Abzug seiner virtuosischen Extravaganzen noch immer als hörenswerther Componist, erscheint Tartini als Genie, um dessen Werke sich die ernstesten Künstler bemühen, während der modische Virtuose Ferrari ganz vergessen ist. Sonst nahm es der gewissenhafte Lehrmeister sehr ernst mit dem technischen und musikalischen Training. Er zwang z. B. Ditters, jedes Violinconcert, das er studirt hatte, noch einmal auf drei Saiten zu üben, für den Fall, dass bei der Aufführung die Quinte risse. Als bei Ditters' erstem öffentlichen Auftreten in einem der prinzlichen Concerte überschwängliche Lobpreisungen laut wurden, als man ihn einen zweiten Ferrari nannte, warnte ihn Trani eindringlichst vor Selbstüberschätzung. Bis zu Ferrari sei es noch weit. Aber wenn er sich Fleiss und Aufmerksamkeit nicht verdriessen lasse, könne er in Jahren wohl dahin kommen, wo Jener stehe. Vor allen Dingen solle er recht um sich sehen, von jedem grossen Virtuosen ausspähen, was seine Eigenthümlichkeit sei, und eben dies Eigenthümliche „nicht sklavisch, sondern auf liberale Art" nachzuahmen suchen. Und ganz unvermittelt, ohne dass von Compositionsübungen bisher die Rede gewesen wäre, verlangt er von ihm, er solle von jetzt ab die Cadenzen zu den Concerten, die er spielte, selbst machen. Da Ditters hierbei Compositionstalent zu erkennen gab, ertheilte Bonno, auf Trani's Veranlassung, ihm regelmässigen Unterricht in der Tonsetzkunst. Fuxens „Gradus ad Parnassum" war das Lehrbuch, das den Uebungen zu Grunde gelegt wurde. Nach einigen Wochen „befahl" ihm Bonno, eine Sonate zu componiren, und wenig später musste er ein Concert verfertigen. Das ist so recht die gute Handwerkspraxis des achtzehnten Jahrhunderts — diese köstliche Unbefangenheit gegenüber der Bewältigung grosser Formen. Man huldigte dem verständigen Grundsatz, dass, wer täglich und stündlich mit Musik zu schaffen hat, auch im Stande sein müsse, etwas Aehnliches aus Eigenem nachzuahmen, so wie der Handwerkslehrling schliesslich das im Ganzen nachmacht, was er in den Einzelheiten immerfort geübt hat. Die Beherrschung des Handwerks führte schliesslich Den, der das Zeug dazu hatte, ganz von selbst in die Kunst hinein. Der junge Componist wollte gar nicht etwas Besonderes vorstellen. Er scheute sich nicht, im Stil seiner Umgebung zu reden und zu erzählen. Wenn eigenes Wesen in ihm stak, so förderte es die Zeit ohne künstliches Treiben an den Tag. Heute möchten die Meisten gleich als fertige und wo möglich bedeutende künstlerische Persönlichkeiten vor die Welt hintreten. Das Handwerkliche, das die Wurzel jeder gesunden Kunstübung ist, wird häufig unterschätzt; man glaubt, mittelst genialer Veranlagung und Inspiration allein Kunstwerke schaffen zu können, und so entstehen Producte der merkwürdigsten Art: Früchte, die vom Baum gefallen sind, ehe sie noch halb reif waren.

Mit der Sonate wurde Ditters ziemlich glatt fertig; nur einige Noten im Bass waren zu verbessern. Beim Concert ging es nicht so gut. Er hatte, wie er sagt, im vollstimmigen Accompagnement nicht nur manchen

Schnitzer gegen die Regeln des Generalbasses gemacht, sondern auch gegen den goldenen Grundsatz, dass man mit der Begleitung die Singstimme nicht übertäuben müsse, mehrfach gesündigt. Sein Lehrer zeigte ihm alle Fehler, erläuterte den Grund davon und wies ihm die Wege, wie sie zu vermeiden waren. In vier Lectionsstunden war die Correcturarbeit vollendet, und Ditters konnte bei der nächsten Akademie des Prinzen sein Kunstwerk mit dem Hochgefühl vortragen, das junger Componisten Brust bei solchen Anlässen zu schwellen pflegt.

Ditters schaltet hier eine Betrachtung allgemeiner Art ein. „Dieser nicht misslungene Versuch munterte mich auf, mir wirklich alle ersinnliche Mühe um Erlernung der Regeln des reinen Satzes zu geben. Allein je grösser meine Anstrengung war, je mehr wuchsen die Schwierigkeiten, die ich dabei fand. Doch ich liess mich nicht abschrecken. So jung ich damals war, so sah ich doch bald genug ein, dass einem Componisten nebst dem, dass er die Grundregeln dieser Wissenschaft inne habe, nichts nöthiger sei, als Geschmack und Einbildungskraft, überhaupt, dass er ein schöpferisches Genie sei. Dies Letztere, obschon es ein Naturgeschenk ist und Wenigen zu Theil wird, muss dennoch durch beharrlichen Fleiss cultivirt werden, sonst schiesst es wie eine wilde Pflanze auf, und man hat keinen Segen davon. Ich nahm mir daher vor, nicht nur Alles, was mir Neues vorkam, con tanto d' orecchio (durch welchen Ausdruck der Italiener die höchste Aufmerksamkeit bezeichnet) zu hören, sondern auch nachzuspüren, warum ein schöner Gedanke wirklich schön wäre. O wie oft entdeckte ich da nicht, dass er bloss darum schön war, weil er gerade

am rechten Orte stand, und ausser diesem Platz nicht
bemerkt worden wäre, ja selbst anderwärts das ganze
Werk verhunzt haben würde." Nur noch einmal macht
Ditters eine ähnliche, auf das künstlerische Studium bezügliche Bemerkung, da nämlich, wo er von seinem Verkehr mit Haydn spricht. Er erzählt, dass sie jedes neue
Stück von anderen Tonsetzern unter vier Augen durch-
nahmen, Allem, was gut war, Gerechtigkeit widerfahren
liessen und tadelten, was zu tadeln war. Und er fügt
hinzu: „Ich rathe jedem angehenden Tonsetzer, mit
einem seiner Collegen ohne Missgunst eine genaue Ver-
bindung zu stiften und das zu thun, was Haydn und ich
mit unserm Nachforschungsgeiste thaten: ich stehe ihnen
dafür, dass nichts mehr im Stande sein wird, ihn zu
bilden, als dergleichen freundschaftliche Bemerkungen,
wenn anders alle Vorurtheile dabei beseitigt sind. Er
wird davon nicht nur den Nutzen haben, sich mancher
Schönheit mit sicherer Wirkung bedienen zu können,
sondern wird auch lernen, jene Klippen, an welchen
dieser und jener Componist gescheitert ist, sorgfältig zu
vermeiden." Diese beiden kurzen Excurse zeigen, dass
es Ditters gleich allen productiven Talenten nicht ge-
legen war, viel über seine Kunst und ihre Ausübung zu
theoretisiren. Wir sehen hieraus aber auch, dass er
ernsthafter an sich gearbeitet hat, als es dem un-
befangenen Beobachter scheinen will. Werk um Werk
entsteht in schneller Folge, von einer Mühe beim Schaffen
ist äusserlich nichts zu spüren — aber nur, weil wir
nicht in die geistige Werkstatt des Componisten sehen
können. Auch Mozart und Haydn können wir nicht bei
ihrer inneren Arbeit belauschen, während Beethoven uns
durch seine in Menge erhaltenen Compositionsskizzen

gestattet, zuzuschauen, wie er ein Stück aufbaut, wie
er bessert und feilt, bis Alles in die Form gebracht ist,
die seiner Phantasie vorschwebte. Daraus darf natürlich nicht geschlossen werden, dass er schwerer producirte als Mozart oder Haydn. Gelegentlich hingeworfene
Andeutungen lassen erkennen, mit welch' eisernem Fleiss
auch sie durch fortwährendes Verarbeiten und Vergleichen fremder Musikwerke um ihre Vervollkommnung
bemüht gewesen sind, wie auch sie beim einzelnen Kunstwerk die Schmerzen der Arbeit durchkosten mussten.
Nur vollzog sie sich bei ihnen im Gehirn, bei Beethoven
auf dem Papier — das ist der ganze Unterschied.

Den Sommer brachte der Prinz gewöhnlich auf
seinem Gut Schlosshof zu. Gleich im ersten Jahr dieses
Sommeraufenthaltes empfing Ditters Eindrücke, die, wie
er meint, und wie er in späterer Zeit auch künstlerisch nachweist, bestimmend für sein Leben geworden
sind. Es wurde nämlich eine italienische Komödianten-
truppe, die auch Intermezzi und komische Opern aufführte, für vier Monate zum täglichen Spielen angeworben.
Pergolesi's „Serva padrona" war die erste Vorstellung;
was weiter folgte, verschweigt der Erzähler. Der Trieb
zum Theater, der in ihm verborgen lag, wurde durch
diese Aufführungen in ganzer Stärke lebendig, und in
welcher Stellung er sich künftig auch befinden mochte,
immer ging sein Streben dahin, möglichst bald eine kleine
Operntruppe zusammen zu bringen, für deren Bedarf
er componirte.

In einem der nächsten Jahre widerfuhr dem Prinzen
grosse Ehre: der Kaiser und die Kaiserin weilten einige
Tage als Gäste auf Schlosshof. Umfängliche Anstalten
wurden getroffen, um den hohen Besuch würdig zu em-

pfangen und zu unterhalten, und hierbei war Ditters so recht in seinem Element. Er hatte den lustigen Einfall, ein Bauernballet, das von vier Dudelsäcken begleitet wurde, zu arrangiren, er studirte den Bauern und Dorfkindern den Chor einer Bonno'schen Oper ein, kurz, er erwies sich als vielseitig brauchbare Kraft. Die Festlichkeiten nahmen denn auch einen glänzenden Verlauf. Der unglückliche Künstler schwelgt förmlich in der Erinnerung an diese Episode seiner Jugend und widmet ihrer Schilderung achtzehn der enggedruckten Seiten seiner Biographie.

Im Dienste des Prinzen von Hildburghausen vergingen Ditters zehn Jahre. Manches Abenteuer ereignete sich noch, wie die Campagne in Hildburghausen, als der Prinz während des siebenjährigen Krieges das Commando der Reichsarmee übernommen hatte, und die übereilte Flucht nach Prag. In jugendlichem Leichtsinn hatte Ditters Schulden angesammelt, und da die Gläubiger ihn drängten, dachte er an das Anerbieten eines Prager Edelmannes, ihn in seine Dienste zu nehmen. Heimlich entwich er, gerieth in Bedrängniss, weil der Mäcen verreist war, und wurde schliesslich durch den Haushofmeister des Prinzen mit sanfter Gewalt wieder nach Wien zurückgeholt. Ein Nervenfieber war die Folge der ausgestandenen Aengste und Gewissensbisse.

Im Jahre 1761 starb der regierende Herzog von Sachsen-Hildburghausen; Prinz Joseph Friedrich musste für den minderjährigen Erbprinzen die Regentschaft übernehmen und nach Hildburghausen übersiedeln. Da er dort eine vollständig eingerichtete Capelle vorfand, so löste er die seinige auf. Die entlassenen Mitglieder wurden durch den Intendanten, Grafen Durazzo, mit

dreijährigem Contract und demselben Gehalt in die
Wiener Hofcapelle aufgenommen. Ditters kam hierbei
schlecht weg. Die freie Wohnung und Kost fielen fort,
das Gehalt von 37 Gulden 30 Kreuzern blieb dasselbe,
dagegen hatte er wesentlich mehr Dienst: täglich von
zehn bis zwei Uhr Oper- oder Balletprobe, Abends von
halb sieben bis zehn Uhr Mitwirkung bei den Aufführungen, alle Freitag Concert und alle vierzehn Tage
Solospielen. Dass er bei dieser Arbeit wenig Unterricht
geben konnte, ist klar, und er wäre mit seinen Ein-
nahmen in arge Bedrängniss gekommen, wenn nicht
Gluck sich seiner angenommen hätte. Gluck, der seit
1751 wieder in Wien lebte, war Hausfreund beim Prinzen
von Hildburghausen gewesen, hatte bei dessen Akademien
häufig mitgewirkt, kannte also den gewandten jungen
Virtuosen sehr gut und wollte ihm wohl. Auf seine
Fürsprache befreite ihn Graf Durazzo an vier Tagen der
Woche vom Capelldienst. Nun hatte er Zeit, „Scholaren
anzunehmen", und er verdiente hierdurch in manchen
Monaten eben soviel, wie seine Gage betrug. Diese
Mehreinnahme verwendete er auf prächtige Kleider, für
die er von je eine Vorliebe gehabt hatte, was dem Grafen
so wohl gefiel, dass er sein „gnädiger Patron" wurde
und ihn öfter zur Tafel einlud.

Ueber ein Jahr war seitdem vergangen, als Gluck
eines schönen Tages Ditters erzählte, er habe den Auftrag, für Bologna eine Oper zu schreiben, und ihn auf-
forderte, ihn dahin zu begleiten. Freilich müsste er die
Hälfte der Reisekosten und den ganzen Unterhalt aus
seiner Tasche bezahlen. Es berührt uns merkwürdig
und nicht gerade angenehm, dass Gluck, der in sehr
günstigen Verhältnissen lebte, nicht so viel Herz für

einen jüngeren armen Kunstgenossen hatte, um ihn in
dem Reisewagen, den er ohnehin brauchte, umsonst mit-
fahren zu lassen. Aber es kommt ja öfter vor, dass
grosse Künstler in gewissen Dingen kleinlich sind, und
Gluck, der doch auch als Mensch so viele hervorragende
Eigenschaften besass, war nun einmal — etwas vorsichtig
bei der Berührung des Geldes. Ditters lehnte erst ab,
weil er keine Mittel habe. Doch fanden sich einige
Gönner, die ihm etwa 1500 Gulden auf unbestimmte Zeit
vorschossen. Graf Durazzo gab ihm willig Urlaub und
schenkte ihm noch 50 Ducaten dazu, die Kaiserin spendete
auch 225 Gulden, so dass Ditters frohen Muthes die
Reise antreten konnte.

Dies geschah im Jahre 1763, wenn Ditters Angaben
richtig sind, — im Jahre 1762, wenn Glucks Biograph,
Anton Schmid, Recht hätte. Die Chronologie in Ditters'
Selbstbiographie ist nicht immer unanfechtbar, was sich
eigentlich von selbst versteht. Denn ein alter Herr, der
aus freier Hand, ohne den Anhalt schriftlicher Auf-
zeichnungen, seine Lebenserinnerungen dictirt, kann unmöglich jedes Detail ganz sicher im Gedächtniss haben.
Wenn Ditters also den Anfang des Siebenjährigen Krieges
auf 1758 verlegt, so wird ihm das Keiner verübeln, und
wenn er die Besitzergreifung Schlesiens durch Friedrich
den Grossen im Jahre 1740 geschehen lässt, so weiss
auch das Jeder besser. Andere Gedächtnissfehler fallen
weniger leicht in die Augen. So behauptet Ditters, als
er von der Wiener Hofcapelle übernommen wurde, sei
Gluck seit zwei Jahren Hofcapellmeister gewesen. Das
stimmt nicht, Gluck hatte den Posten seit 1754 inne.
Und ebenso kann es nicht richtig sein, dass der Bischof
von Grosswardein ihm 1764 gesagt habe, sein Capell-

meister Michael Haydn „gehe" nach Salzburg, denn er befand sich schon seit 1762 dort. Solche kleinen Ungenauigkeiten laufen öfters mit unter. In dem, was seine persönlichen Verhältnisse betrifft, pflegt Ditters jedoch recht zuverlässig zu sein. Er erzählt nun, dass seit seiner Anstellung im Hofopernorchester „beynahe fünf Vierteljahre" verflossen waren, als Gluck ihm die italienische Reise vorschlug. Dies müsste also, da er am Ende des Jahres 1761 dort eintrat, Anfang 1763 gewesen sein. Er erzählt ferner, dass sie beide nach der dritten Aufführung von Gluck's „Trionfo di Clelia" (die erste hatte am zweiten Pfingstfeiertage stattgefunden) noch verschiedene grosse Städte Italiens besuchen wollten, als sie vom Grafen Durazzo nach Wien zurückberufen wurden, weil gegen Anfang des Herbstes die Kaiserkrönung Josef's II. stattfinden sollte. Sie reisten deshalb nach Hause. Kaum waren sie in Wien angekommen, so wurde die Krönung auf das nächste Jahr verschoben, und Ditters „hatte die Reue, Italien ganz unnöthiger Weise zu frühe verlassen zu haben". Gerade der Aerger über den nicht voll ausgenutzten Urlaub scheint mir Bürge dafür, dass sich die Thatsachen Ditters fest eingeprägt haben, und dass dieser Bericht auch objectiv wahr ist. Da nun Josef am 3. April 1764 gekrönt wurde, so ergibt sich auch hieraus, dass das Jahr der Aufführung des „Trionfo di Clelia" 1763 war, und dies Datum wird gegenüber Schmid's durch keinerlei Documente gestützter Angabe (1762) bis auf Weiteres Geltung behalten müssen[1]).

---

[1]) In Gaspari-Parisini's „Catalogo della Biblioteca del Liceo Musicale di Bologna", Vol. I., Bologna 1890, findet sich S. 42 die Erwähnung eines Druckes, der diese Ausführungen bestätigt: „Bilancio dell' impresa generale dell 'opera intitolata il Trionfo di

Gern würde der Leser Näheres über Gluck's Oper selbst erfahren. Aber darüber schweigt Ditters. „Sie gefiel ungemein, ungeachtet sie lange nicht nach der Idee des Componisten ausgeführt wurde," — das ist Alles, was er sagt. Noch weit sonderbarer aber kommt es uns vor, dass er kein Wort über Gluck's „Orpheus" berichtet, dessen Aufführung er doch miterlebt, bei der er sogar wahrscheinlich selbst mitgewirkt hatte. Gekannt hat er die Oper sicher, denn er sagt später einmal, der Text zu Naumann's „Protesilao" sei ein Pendant zu Calzabigi's „Orfeo" gewesen, „wozu Gluck die Musik und damit Epoche gemacht hat". Bei dem ungeheuren Aufsehen nun, das dieses Werk hervorrief, sollte man meinen, ein Künstler, der auch nur von ferne sich für die Oper interessirte, hätte gar nicht daran vorübergehen können, ohne für oder wider Partei zu ergreifen. Kein Wort! Aber läppische Anekdoten von den Sängern Niccolini und Guadagni trägt er mit breitestem Behagen vor. Als Gluck's „Alceste" aufgeführt wurde, lag er in Grosswardein einiger Musik nebst höherer und niederer Jagd ob. Dann, 1769, war er zwar wieder in Wien und hat auch vielleicht eine Vorstellung der „Alceste" gesehen, doch musste er mit einer Tänzerin tändeln und vergass beim Bericht über diese Affaire ganz der Musik. Für den Ernst der Gluck'schen Reformwerke fehlte ihm augenscheinlich das Verständniss, ja, er ahnte wohl kaum, eine wie stark und weit wirkende Kraft hier thätig war. Hat er doch auch von Mozart's Schaffen wohl mit hoher Achtung, aber nur bedingter Anerkennung gesprochen.

Clelia rappresentata nel nuovo pubblicato teatro la primavera dell' anno 1763. Bologna 1763. Vgl. auch: Corrado Ricci, i teatri di Bologna. Bologna 1888. S. 185 ff. u. S. 480.

Ich führe alle diese Dinge an, nicht um zu tadeln —
denn was könnte einer scharf ausgeprägten Persönlichkeit gegenüber thörichter sein — sondern nur, um zu
charakterisiren.

Während in Italien Gluck als Componist Lorbeeren
pflückte, machte Ditters als Violinvirtuose Aufsehen und
wurde mannigfach geehrt. Bei seiner Rückkehr nach
Wien hörte er das Lob des italienischen Geigers Antonio
Lolli, der inzwischen dort aufgetreten war, aus allen
Tonarten singen. Er liess sich seine Art beschreiben
und versuchte nun, nicht etwa ihn nachzuahmen, sondern
gerade das Gegentheil von Allem zu thun, was Jener
that. Das war klug und künstlerisch zugleich, denn
Lolli muss nach dem, was über ihn berichtet wird, zwar
ein grosser Fingerheld, aber nur ein geringwerthiger
Musiker gewesen sein. Und das Unternehmen glückte
auch. Ditters spielte bei seinem ersten Wiederauftreten
ein Concert eigener Composition. Beim Adagio legte er
besonderen Werth auf den gesangvollen Vortrag, den er
nach dem Vorbild bedeutender italienischer Sänger bildete,
und im Finale liess er seinen virtuosischen Fähigkeiten
freien Lauf, so dass die Wiener nachher sagten: „Lolli
erregt Erstaunen, Ditters erregt es auch, spielt aber zugleich fürs Herz." Dieses selben Lolli Besuch empfing
Ditters später in Johannisberg, und er weiss nicht genug
Rühmens zu machen von seiner weltmännischen Bildung,
von seiner Feinheit im Umgang, seiner Bescheidenheit,
seinem Erzählertalent. Nebenbei erwähnt er auch, dass
Lolli beim Violinspiel vor dem Fürstbischof seine ganze
Kunst aufbot und sich gleichsam selbst übertraf. Ein
Urtheil über seine künstlerischen Eigenschaften bekommen
wir jedoch nicht zu hören.

Im Winter 1764 lief Ditters' Contract mit dem Hoftheater zu Ende. Graf Durazzo hatte ihm von nun an
eine Erhöhung seines Gehaltes auf 1000 Gulden versprochen, wurde aber plötzlich zum Botschafter in Venedig
ernannt, und sein Nachfolger, ein Graf Spork, wollte
von einer Gehaltsaufbesserung in diesem Umfange nichts
wissen. Deshalb nahm Ditters kurz entschlossen das
Anerbieten des Bischofs von Grosswardein an, seine
Privatcapelle an Stelle des ausgeschiedenen Michael Haydn
zu leiten, und siedelte im April 1765 nach dem ungari-
schen Städtchen über.

Vorher hatte er noch in Wien und Prag mehrere
Instrumentisten engagirt, so dass sich nun das Orchester
aus 34 Personen zusammensetzte. Darunter befand sich —
das ist typisch für die fürstlichen Privatcapellen dieser
Zeit — eine Anzahl von Livreebedienten, ein Kammer-
diener und ein Zuckerbäcker. Bemerkenswerther Weise
war auch die Clarinette vertreten, denn dies Instrument,
das erst um 1700 erfunden war, bürgerte sich ziemlich
langsam im Orchester ein. Hiller merkt in den wöchentlichen Nachrichten für 1769 ihre Verwendung in Agri-
cola's „L'amore di Psiche" noch als etwas Besonderes
an, und Mozart hatte in Salzburg noch keine zur Verfügung, er kannte sie praktisch gar nicht. Von Mannheim aus schreibt er 1778 enthusiastisch an seinen Vater:
„Ach, wenn wir doch nur Clarinetti hätten! Sie glauben
gar nicht, was eine Sinfonie mit Flauten, Oboen und
Clarinetten einen herrlichen Effect macht." Der Bestand
der Capelle, der ausserdem vier Solosänger angehörten,
war demnach ein recht guter. Ditters führte hier die
„Wiener Methode ein, sitzend zu spielen". Diese Wiener
Methode wurde natürlich in der Oper schon längst an-

gewendet. Für das Concert dagegen war Stehen das ziemlich allgemein Gebräuchliche, bis nach und nach das Sitzen auch von den Musikern des Sinfonie-Orchesters durchaus bevorzugt wurde. Als Hans von Bülow seine Meininger stehend spielen liess, erschien er uns wie ein Revolutionär.

Das musikalische Leben in Grosswardein entwickelte sich lebhaft und fröhlich. Besonders die Geburtstage des Bischofs gaben Ditters Gelegenheit zu mancherlei festlichen Veranstaltungen. Für das erste Jahr componirte er eine lateinische Cantate, deren Text ihm sein College Pichel verfasste. „Ich musste Latein wählen, weil ausser dem Bischof, zween Domherrn und mir Niemand Italienisch verstand. Die lateinische Sprache aber hatten nicht nur alle Grosswardeiner Männer, sondern selbst einige Damen inne," bemerkt Ditters dazu. Ausserdem schrieb er noch eine italienische Cantate für den Solotenor, drei Sinfonien und ein Violinconcert. Die Feier verlief in schöner Harmonie; der Bischof vergoss Thränen, wie er immer that, wenn ein Kunstwerk ihn rührte oder innig erfreute. Ditters denkt über die Cantate — seine erste grosse Singarbeit — ziemlich geringschätzig. Sie sei nicht weit her gewesen, meint er, und hätte für ihn im Wesentlichen das Gute gehabt, dass er die hier begangenen Fehler vermeiden lernte.

Ueberhaupt war dies der unendliche Vortheil, den die meisten Componisten jener Zeit vor den meisten unserer heutigen voraus hatten, dass bei der grossen Anzahl der kleinen Capellen fast jedem von ihnen auch ein Orchester zur Verfügung stand. Auf frischer That wurde so jedes neu entstandene Werk aufgeführt, und der Tonsetzer konnte immer mit dem Ohre controliren,

ob das, was er sich vorgestellt hatte, auch wirklich zur
Klangerscheinung geworden war. Dieser fortwährende
intime Verkehr mit den lebendigen Instrumenten gab
dem Orchestersatz eine ausserordentliche Flüssigkeit und
Selbstverständlichkeit. Früher, im sechzehnten Jahrhundert, waren alle Instrumente nur Stimmen, der poly-
phone Instrumentalsatz ein Abstractum des Vocalsatzes.
Dann entwickelten sich die Streicher allgemach zu
Persönlichkeiten und bildeten für ihre Eigenart auch
eigene Formen heraus: Solosonate, Concert. Im achtzehnten Jahrhundert kommt die Reihe an Oboe, Fagott
und Clarinette. Sie betheiligten sich am Concertiren;
in Folge dessen wird ihre Rolle innerhalb des Orchester-
ganzen auch eine selbständigere, sie werden Individuali-
täten und demgemäss behandelt. Und nicht allein auf
die Besonderheit des Instrumentes ging der Componist
ein, sondern auch auf die Besonderheit des Spielers, der
es gerade in seiner Capelle handhabte. Wie der Operncomponist immer für bestimmte Sänger und Sängerinnen
schrieb und ihrer Eigenart gemäss die Rolle gestaltete,
so schrieb auch der Instrumentalcomponist für bestimmte
Musiker; und wie wir aus dem Studium mancher Ge-
sangspartien uns genau die Art der Sänger vorstellen
können, für die sie bestimmt waren — ich erinnere nur
an die Rolle der Königin der Nacht, die über Madame
Hofer's künstlerische Fähigkeiten den klarsten Aufschluss
gibt — so gewinnen wir durch die Lectüre mancher
intimen Orchesterpartitur des achtzehnten Jahrhunderts
ein ziemlich deutliches Bild der Capelle und der einzelnen
Künstler, die in ihr wirkten.

Diesem System hafteten natürlich auch Nachtheile
an. Der Componist kam durch solche Praxis leicht dahin,

sich als gehorsamen Diener der ausführenden Organe zu fühlen, während das natürliche Verhältniss doch so liegt, dass der schaffende Künstler dem nachschaffenden Aufgaben stellt. Dies Verhältniss wurde das herrschende etwa seit Beethoven, der gewissermassen schon abstract componirte, nicht für ein bestimmtes Instrumentisten-Ensemble, sondern in die Zukunft hinein. Und seitdem die Orchester höher und höher gesteckten Zielen nach-streben mussten, hat sich ihre Leistungsfähigkeit in un-geahnter Weise gesteigert. Schubert's C-dur-Sinfonie wurde noch im Jahre 1828 vom Orchester der Gesell-schaft der Musikfreunde als unausführbar schwer bei Seite gelegt — heute spielt sie jede mittelmässige Capelle vom Blatt, und heute überwinden die guten Orchester Richard Straussens unerhört complicirte Partituren mit wenigen Proben.

In Grosswardein machte Ditters auch seine ersten praktischen Versuche auf dem Gebiete der theatralischen Musik. Schon im zweiten Jahre seines Aufenthaltes richtete er von den Ueberschüssen der für die Capelle ausgesetzten Summe ein kleines Theater ein und debütirte am nächsten Geburtstage des Bischofs mit einem Ora-torium „Isacco figura del Redentore". Es muthet uns sonderbar an, ein Oratorium scenisch dargestellt zu sehen, aber das war früher das allgemein Uebliche. Sind doch Oper und Oratorium Zwillingsgeschwister, die anfänglich nur durch das Stoffgebiet sich unterschieden: der Oper gehörte die antike Mythologie und Heroengeschichte, dem Oratorium die biblische Historie und verwandte Ge-biete. In England gab erst des Bischofs Dr. Gibson Ver-bot, biblische Stoffe auf die Bühne zu bringen, Ver-anlassung zur concertmässigen Aufführung der Oratorien, und seitdem, nach 1740, hat sich diese Sitte langsam auch auf dem Continent eingebürgert.

Auf den „Isacco" folgten noch einige kleine Singspiele, die, wenn sie schon wenig Kunstwerth hatten, doch als technische Uebungen einen Zweck erfüllten; denn Ditters gesteht selbst, er habe durch solche immerwährenden Versuche von Theatercompositionen sich hier die Kenntnisse erworben, mittelst deren er in späteren Jahren das Glück hatte, „so manche Sensation zu bewirken".

Das Idyll in Grosswardein fand nach vier Jahren ein jähes Ende. Der Bischof war von Feinden bei Maria Theresia angeschwärzt worden, dass er einen zu weltlichen Lebenswandel führe, und im ersten Schreck und aus Furcht vor einer peinlichen Untersuchung entliess er kurzer Hand die Capelle im Frühjahr 1769. Ditters hatte nun die Absicht, den Sommer über in Wien zu bleiben und sich mit dem Herbst auf grössere Concertreisen zu begeben. Aber es kam Alles ganz anders. Er machte zuerst einen Abstecher nach Italien, folgte dann einer Einladung des Grafen Lamberg nach Troppau und liess sich hier durch den Fürstbischof von Breslau, Grafen Schaffgotsch, bereden, die sieben Wintermonate vom November bis Mai bei ihm in Johannisberg zuzubringen, ihn durch Gespräch und Saitenspiel zu erheitern und wo möglich einige musikkundige Leute seiner Hofhaltung im Orchesterspiel einzuüben.

Was Ditters an Capellmaterial vorfand — ganze neun Mann —, war freilich so beschaffen, dass ihn „davor ekelte", und erst nach vierwöchiger Uebung hatte er es dahin gebracht, dass man dies Orchester „ohne Grausen" hören konnte. Die künstlerische Befriedigung während

der Johannisberger Campagne war somit sehr gering.
Um so angenehmer gestaltete sich das Verhältniss zwischen
Gast und Gastfreund. Der Fürstbischof überbot sich in
Aufmerksamkeiten, überreichte Ditters sogar als Neu-
jahrsgeschenk (1770) den Orden vom goldenen Sporen [1]),
den er für ihn ausgewirkt hatte, und versetzte ihn dadurch „in einen Freudenrausch“. Das Gefallen des
Kirchenfürsten an dem vielgewandten Künstler wurde
immer stärker, und er beschloss am Ende, ihn dauernd
an Johannisberg zu fesseln. Ihm einen Posten als Capell-
director oder Kammervirtuose zu schaffen, dazu waren
keine Mittel vorhanden. Wohl aber wurde gerade die
Forstmeisterstelle des Fürstenthums Neisse frei, und da
Ditters bei Gelegenheit einer grossen Jagd umfängliche
und mehr als oberflächliche Kenntnisse im Forst- und
Jagdwesen gezeigt hatte — Errungenschaften von Schlosshof und Grosswardein her — so bot er ihm diesen Posten
an und versprach ihm ausserdem die nächste frei werdende
Amtshauptmannschaft. Das Auskunftsmittel war eigen-
thümlich genug, doch ging Ditters darauf ein. Die
Capelle wurde nach seiner Forderung auf siebzehn Mann
erhöht, und wenige Jahre später erhielt er auch die
versprochene höhere Stellung: er wurde Amtshauptmann
von Freiwaldau (nicht Freyenwaldau, wie er immer
schreibt), nachdem er zuvor als Ditters von Dittersdorf
in den Adelsstand erhoben war. Wie dies geschah,
welcher Agent ihm die Nobilitirung vermittelte, und was

---

[1]) Der Orden vom goldenen Sporen war eine vom Papst öfter
an Musiker verliehene Auszeichnung. Nebst Lorenzini, einem
Lautenspieler des 16. Jahrhunderts, Orlando Lasso, Aless. Scar-
latti, Gluck, Mozart, Abt Vogler, D. A. von Apell, haben ihn viele
mehr oder weniger bedeutende Künstler besessen.

er ihm dafür bezahlen musste, das alles erzählt Ditters mit grösster Unbefangenheit. Er sah die ganze Angelegenheit augenscheinlich nur als Geschäft an, fühlte sich aber trotzdem hochgeehrt dabei.

Sobald das Ensemble einigermassen im Stande war, sann Ditters darauf, wie er wohl sein Steckenpferd, das Theaterspielen und Opernaufführen, am besten tummeln möchte. Ein alter Thurm am Schlosse erwies sich als geeignet zur Einrichtung eines Theatersaales, eine kleine Bühne war bald aufgeschlagen, einiges Sängerpersonal fand sich auch für billiges Geld, das theatralische Musiciren konnte also bald beginnen. Wieder war ein Oratorium, „Davide penitente", das erste Stück, das aufgeführt wurde. Eine komische Oper, „Il viaggiatore americano", folgte, und zu beiden hatte des Fürstbischofs Gewissensrath, Pater Pintus, den Text geschrieben. Die Primadonna der kleinen Truppe, eine Demoiselle Nicolini, die sich schon bei den Grosswardeiner Opernvorstellungen ausgezeichnet hatte, sang sich hier vollends in das Herz des jungen Capellmeisters hinein. Aus der Liebe wurde im folgenden Jahre (1771) eine Ehe. Von diesem Ereigniss wird in der Lebensbeschreibung übrigens merkwürdig unzart berichtet; die Erzählung klingt eher wie das Protocoll einer Gerichtsverhandlung als wie die Erinnerung an eine Herzensaffaire.

Ein Jahr nach seiner Verheirathung machte Ditters eine Reise nach Wien. Dort war inzwischen Gassmann an Stelle Reutter's Hofcapellmeister geworden. Was Gassmann Nachruhm sichert, ist eine That, die mit der Kunst nur mittelbar zu schaffen hat. Er ist nämlich der Gründer der sogenannten „Tonkünstlersocietät", einer Art Pensionsanstalt für Musikerwittwen und -Waisen.

Der Ertrag von Oratorien-Aufführungen, die in regelmässigen Abständen stattfanden, und zu denen die bekanntesten Componisten ohne Entgelt neue Werke bei-
steuerten, wurde capitalisirt, und die Zinsen wurden zu
Unterstützungszwecken verwandt. Gassmann hatte gerade ein Oratorium von sich, „La Betulia liberata", für
die Societät geliefert, und Ditters, als höflicher Mann,
äusserte seine Anerkennung über die mancherlei Schönheiten, die er darin fand. Gassmann revanchirte sich
durch Belobigung einiger „Singsachen" von Ditters, und
forderte ihn schliesslich auf, selbst ein Oratorium zum
Besten der Societät zu schreiben. Ditters meint, dies
sei aus Hinterlist geschehen, um ihm eine Niederlage zu
bereiten; ein Freund bestärkte ihn in dieser Meinung
und warnte ihn vor Gassmann. Es mag unentschieden
bleiben, ob dieser Argwohn begründet ist; jedenfalls
findet sich in anderen Berichten über Gassmann nichts,
was ihn bestätigen könnte. Ditters war jedoch auf der
Hut. Er studirte genau die Eigenthümlichkeit aller
Sänger, die in dem von ihm zu componirenden Oratorium mitwirken konnten, und beschloss, jede Rolle
ganz dem Charakter eines bestimmten Künstlers anzu-
passen. Pater Pintus verfertigte ihm wieder einen Text,
„Esther". In wenigen Wochen war die Composition
vollendet, und die zwei Aufführungen, die im December
1773 stattfanden, brachten der Societät einen Reingewinn
von 1450 Gulden.

Etwa sechs Wochen danach starb Gassmann, und
der Kaiser, der Ditters hoch schätzte, liess ihm unter
der Hand die Stelle anbieten. Ditters lehnte ab mit der
Begründung, er habe in Johannisberg bereits höhere Ein-
künfte und noch mehr zu erwarten. Er zeigt hier wieder

den eigenthümlichen Mangel an künstlerischem Ehrgeiz,
der uns öfter in seiner Lebensbeschreibung entgegentritt.
In Wien hätte er an erster Stelle gestanden, an der
Spitze eines glänzenden Orchesters, hätte sich als Virtuosen und Componisten vor dem kunstverständigsten
Publicum immerfort bethätigen können — Alles das reizte
ihn nicht. Er zog es vor, in einem Landstädtchen vergraben ein Häuflein mittelmässiger Musikanten zu drillen
und Geschäfte zu besorgen, die mit seiner Kunst nicht
das Mindeste zu schaffen hatten, nur um einiger hundert
Gulden und einer angenehmen, von Fürstengunst be-
strahlten Lebensführung willen.

In der Selbstbiographie folgen nun Seiten und Capitel,
die sich mit allerlei Nebendingen befassen: wie Ditters
Amtshauptmann von Freiwaldau wurde, aber doch in
Johannisberg blieb und seine Amtspflichten durch einen
Stellvertreter erledigen liess, weil der Fürstbischof nicht
seine Gesellschaft entbehren mochte, wie die Verhältnisse während des bayerischen Erbfolgekrieges sich ver-
schlechterten, die Capelle entlassen wurde und Anderes
mehr, bis mit jähem Sprung die Ereignisse des Jahres 1786
erreicht werden, jenes Jahres, in dem Ditters' Ruhm an-
fing, in die Höhe und Weite zu wachsen.

II.

Die Wittwensocietät hatte Ditters schon längst aufgefordert, wieder ein Oratorium für sie zu schreiben.
Endlich (1786) kam er dem Verlangen nach und führte
selbst in Wien seinen „Hiob" auf. Der Erfolg dieses
Oratoriums, der künstlerische wie der materielle, war
noch grösser als der des früheren Werkes, der „Esther",
die noch im vergangenen Jahre, mit den ersten Kräften

der Wiener Oper besetzt, der Societät eine ansehnliche Einnahme zugeführt hatte.

Seine Anwesenheit in Wien benutzte Ditters, um zwei eigene Concerte zu geben. Er hatte schon drei Jahre zuvor angefangen, „charakterisirte Sinfonien" nach Abschnitten aus Ovid's Metamorphosen zu componiren, und deren jetzt zwölf fertig gebracht. Sechs davon führte er im Augarten, die sechs anderen acht Tage später im Theater auf. Wegen ungünstiger Witterungsverhältnisse musste der Concerttag im Augarten verlegt werden, und bei dem Besuch in der Hofkanzlei, den Ditters dieserhalb machte, fügte es der Zufall, dass er mit dem Kaiser Josef in eine Unterredung kam. Das war nun für ihn das höchste Glück, und zehn Seiten der Biographie werden damit gefüllt, das ganz belanglose Gespräch wiederzugeben, das sich hier abspann. Wir erfahren aber dabei nicht mehr, als dass der Kaiser wie Ditters zwischen Haydn und Mozart einige Parallelen zogen, die nicht gerade laufen wollten, und dass sie beide das Wesen dieser grossen Künstler nicht verstanden.

Bei einem der Metamorphosen-Concerte oder bei einer anderen Akademie hat Ditters, scheint es, sich auch wieder einmal solistisch bethätigt, freilich in sonderbarer Weise. In der Lebensbeschreibung erzählt er nichts davon, wohl aber lässt sich eine norddeutsche Publication, der „Musikalische Almanach für Deutschland auf das Jahr 1789", des Näheren darüber aus. Er glossirt den Bericht eines Wiener Kritikers folgendermassen:

„Im Jahre 1786 versuchte der berühmte Tonkünstler von Dittersdorf in einer Akademie, die im Wiener Augarten gegeben wurde, das Quaken der Frösche auf der Violine nachzuahmen. Alles war mit dem trefflichen

Manne ungemein zufrieden; aber er selbst hatte Ursache, es am meisten folgender Begebenheit wegen zu sein. Zwei vermögende Bauern waren eben im Augarten, als die Musik bald anfangen sollte. Das beständige Fahren der prächtigsten Carossen und andere ihnen ungewohnte Umstände machte sie lüstern, die Eintrittsgelder daran zu wagen und zu hören, was denn das für eine herrliche Geigerei sein würde, mit der sich der Adel so unterhalten könnte. Beim vollstimmigen Rauschen des Chors schien auch ihr Ohr sich ganz wohl zu befinden; aber als Herr von Dittersdorf allein sein Meisterstück spielte (sollte heissen, als er seine Narrenspossen machte), gingen beide brummend hinweg: ‚Ist's weiter nichts als ein Froschgeschrei, so was hören wir zu Hause alle Tage!' So Viele auch diesen grossen Künstler lobten (setzt der Zeitungsschreiber hinzu, der sicherlich nicht so viel gesunden Geschmack an Musik hatte als die beiden Bauern), so konnte ihn doch bei dieser Gelegenheit nichts so sehr schmeicheln als das Missvergnügen dieser zwei Bauern. (Wenn Herr von Dittersdorf solche Spässe auch in seinen Metamorphosen angebracht hat, die der Herr Probst Hermes in seiner Analyse derselben bei jedem Anderen vielleicht für Kindereien erklärt, und nur bei ihm sie nicht dafür hält, so bedanken wir uns dafür. Auch glauben wir, dass ein Mann, der fähig ist, eine so äusserst abgeschmackte und für die Kunst erniedrigende Kinderei öffentlich zu begehen, gar nicht im Stande ist, in irgend einem Werke der Kunst würdigen Ausdruck zu erreichen)."

Vielleicht ist dieser ganze Aufwand an ästhetischer Entrüstung aber gegenstandslos, denn es ist möglich, dass hier eine Verwechslung vorliegt und jener Bericht aus Wien sich auf eine der Metamorphosen-Sinfonien bezieht, welche die „Verwandlung der lycischen Bauern in Frösche" darstellen sollte.

Als Ditters schon im Begriff war, abzureisen, bekam er noch von dem Schauspieler Stephani dem Jüngeren im Namen der Direction des Nationaltheaters den Auftrag, für das übliche Honorar von 100 Dukaten eine Oper zu schreiben. Er willigte ein, und Stephani verfasste ihm den Text „Der Apotheker und der Doctor". Ein halbes Jahr danach wurde das Stück aufgeführt. Die überaus günstige Aufnahme, die es fand, veranlasste die Direction, noch zwei deutsche und eine italienische Oper bei dem Componisten zu bestellen. Nach sieben Monaten waren auch diese fertig. „Meine drei deutschen Werke: „Doctor und Apotheker", „Betrug durch Aberglauben" und „Die Liebe im Narrenhause" gingen alle Stelle, wie die Italiener sagen; aber die italienische Oper „Democrito" fiel durch." Mit diesen schlichten Worten geht Ditters über den ungeheuren Erfolg seiner deutschen Opern und besonders des „Doctor und Apotheker" hinweg, der ihn mit einem Schlage weltbekannt machte, der überall gegeben wurde, wo man nur Opern spielte.

Ditters stand jetzt auf der Höhe seines Könnens und seines Ruhms; es ist also wohl an der Zeit, Ueberschau zu halten über das, was er bis dahin vollbracht hatte. Seine Biographie gibt nicht annähernd einen Begriff von dem Umfange seiner Thätigkeit; denn all' des musikalischen Kleinkrams, den er so vor sich hin arbeitete, geschieht kaum Erwähnung. Man muss die periodischen Musikblätter und die Kataloge der Musikalienhandlungen durchsehen, um die Ausbreitung seiner Opern und Instrumentalwerke kennen zu lernen. Von

den Kunstschriftstellern wird in zustimmendem oder ab-
lehnendem Sinne häufig seiner gedacht. Schon in Hiller's
„Wöchentlichen Nachrichten" von 1766, wo übrigens
Ditters fälschlich noch als Mitglied der Wiener Hofcapelle aufgeführt wird, heisst es von ihm: „In Sinfonien,
Concerten und dergleichen bekannt". Dann erfahren
wir, dass seine Concerte auch von Anderen öffentlich
gespielt werden; dann finden seine Sinfonien ausführliche
Beschreibung, manche, wie die im Jahre 1767 erschienene
„Sinfonie dans le genre de cinq Nations", auch herbe
Verurtheilung, während andere, 1770 gedruckt, glimpf-
licher davon kommen. Einmal wird von ihm gesagt
(1768): „Neuerer Zeit haben sich auch einige Componisten
in Wien mit Arbeiten für die Violin gezeigt. Herr Ditters,
selbst ein grosser Violinist, hat Concerte und Solo gesetzt.
Sein Geschmack fällt sehr ins Komische oder ist vielmehr
ein beständiges Gemisch von komischen und ernsthaften
Einfällen, die öfters nicht recht zusammen passen wollen."
Oder: „Vor einiger Zeit waren die Trii des Martini sehr
beliebt . . . Jetzt sind bei Liebhabern die Trii der
Herren Hofmann, Haydn und Ditters an die Stelle gekommen; sie haben ihre eigenen Schönheiten." Das war
alles schon in den sechziger Jahren. Später mehren
sich die Erwähnungen seiner Person und seiner Werke
in musikalischen Almanachen und Zeitschriften, mehren
sich vor Allem die Anzeigen seiner Compositionen:
Longman & Broderip in London, Hummel in Amsterdam,
Simrock in Paris und Bonn, Artaria in Wien, Breitkopf
in Leipzig — sie alle wetteifern im Angebot Dittersdorf'scher Werke. In einem der Breitkopf'schen Kataloge (ohne Jahreszahl, zwischen 1786 und 1789 aus-
gegeben) werden ausser den gedruckten Werken noch an

handschriftlichen Compositionen von ihm zweiundsechzig
Sinfonien, zwei Ouvertüren, zweiundzwanzig Concerte
für Violine, drei für Clavier, drei für Oboe, vierzehn
Solos für Violine, drei Solos für Clavier aufgeführt,
dazu Messen, Cantaten, Oratorien und Anderes. Das
zeugt von einer Schaffenskraft, die ausserordentlich
genannt werden muss, selbst wenn man in Betracht
zieht, dass Ditters sehr leicht und schnell arbeitete, und
dass die Sinfonie und Kammermusik jener Zeit im Durchschnitt anders beschaffen war als die durch Haydn's
spätere Werke und durch Mozart beeinflusste oder gar
die Beethoven'sche. Sie wollte gar nicht in die Tiefe
steigen oder dem Ausdruck subjectiver Empfindung
dienen; die elegante Gesellschaft, die eine Capelle unter-
hielt, wäre gewiss sehr erstaunt gewesen, wenn der
Orchesterleiter sie mit seinen persönlichen Leiden und
Freuden musikalisch behelligt hätte. Wie der Conversa-
tionston in den Salons der Rococozeit das Hervortreten
starker Subjectivitäten ausschloss, so bewegte sich
auch die Instrumentalmusik ziemlich glatt über die Ober-
fläche hin, tändelte und spielte, gab sich wohl einmal
den Anschein des Ernstes, aber nur, um gleich darauf
mit fröhlichem Lachen solcher Stimmungsanwandlungen
zu spotten. Ditters nun, der schmiegsame Gesellschafts-
mensch, der eine innige Freude an allen Trivialitäten
des Lebens hatte, war ganz dazu geschaffen, in diesem
Geist zu musiciren. Seine Instrumentalcompositionen
tragen im Allgemeinen den Charakter heiterer Lebens-
lust; die Bewegungen sind schnell oder von mässiger
Langsamkeit. Ein reines Adagio schreibt er nicht oft:
entweder kommt es als kurzer Einleitungssatz oder als
Alternativ im Allegro vor, oder es trägt die behutsame

Einschränkung „più tosto andantino" oder „non molto".
Bringt er es einmal in ganzer Gestalt, wie in der dritten
der bei Huberty erschienenen Sinfonien, dann wird das
Tempo durch Untertheilung der Notenwerthe (hier meist
Sechzehnteltriolen) wieder auf eine mittlere Geschwindig-
keit gedrückt, oder der melodische Inhalt ist ziemlich
leicht gewogen. Für Adagios von der Gefühlstiefe so
mancher Haydn'schen fehlt ihm der lange Athem der
Erfindung und wohl auch etwas der Wille zur Ver-
tiefung. Dagegen vermisst man fast niemals das Menuett,
dem Haydn in der Sinfonie Bürgerrecht verschafft hatte.
Es muss dem Ausdruck der unterschiedlichsten Vorstellungen und Empfindungen dienen. In einem Menuett
bereut Apollo seinen Schwur gegenüber Phaëton, belauscht Aktäon Diana im Bade, thut der Narr sowohl
wie der Verständige seine Art kund; ein Menuett schildert
das eherne Zeitalter, schildert Odysseus' Sieg über Ajax;
mittelst eines Menuetts malt sich Medea ihre Zukunft
rosig aus. Man sieht, die harmlos gravitätische Tanz-
form passt sich bei Ditters allen auch noch so verschiedenen Situationen an. Die Sinfonien nach Ovid's
Metamorphosen, denen die meisten dieser Beispiele entlehnt sind, erfreuen sich wegen ihrer Etikettirung eines
besonderen Rufes. Ditters hat ihrer bis zum Jahre 1786
zwölf geschrieben und, wie erwähnt, auch aufgeführt.
Dann zeigte er 1798 in der „Leipziger Allgemeinen Musikalischen Zeitung" (Nr 5. S. 19) noch an: „Sechs Sonaten für vier Hände, aus den letztern noch nicht bekannten Sinfonien der Ovidi'schen Metamorphosen eingerichtet". Das wären im Ganzen achtzehn, wenn der
Satz nicht etwa bedeutet, dass Ditters diese Sonaten
nach den bisher ungedruckten Sinfonien arrangirt hat.

Denn durch den Druck sind bei Lebzeiten des Componisten nur drei bekannt geworden: 1. Die vier Weltalter, 2. Der Sturz Phaëton's, 3. Die Verwandlung Aktäon's in einen Hirsch. Drei andere wurden, vielleicht vor einem Jahre, unter den aus Oels stammenden Handschriften der Königlichen Bibliothek in Dresden entdeckt, und zwar: 4. Die Rettung der Andromeda durch Perseus, 5. Die Verwandlung der lycischen Bauern in Frösche, 6. Bie Versteinerung des Phineus und seiner Freunde. Alle sechs sind jüngst im Neudruck erschienen[1]. Endlich hat das Antiquariat von Liepmannssohn in Berlin im Jahre 1890 die Clavierauszüge von noch dreien versteigert: 7. Jason qui emporte la toison d'or, 8. Ayax et Ulysse, 9. Hercule en Dieu. Die übrigen sind verschollen. J. Liebeskind sagt in der Vorrede seiner Neuausgabe: „Von unseres Meisters Sinfonien, deren Zahl auf achtzig geschätzt wird, sind zweifellos die am bedeutendsten, in denen er unternommen hat, Stoffe aus Ovid's Metamorphosen zu illustriren." Es ist nicht ersichtlich, worauf sich dies Urtheil stützt. Der grösste Theil von Dittersdorf's Orchesterwerken ist, wie es scheint, im Laufe der Zeit verzettelt worden. Von seinen Sinfonien wird kaum noch die Hälfte aufzufinden sein. Ich habe gegen vierzig davon durchgesehen, und ich muss sagen, dass viele unter ihnen den Metamorphosen-Sinfonien mindestens ebenbürtig, wenn nicht überlegen sind. Andere mögen hierüber anderer Meinung sein, doch wird auf jeden Fall jene kategorische Censirung einer Einschränkung bedürfen. Wir stossen in

---

[1] Ausgewählte Werke von Carl Ditters von Dittersdorf. Zur Centenarfeier des Todestages Dittersdorf's (31.October 1799). Herausgegeben von J. Liebeskind. Leipzig. Gebrüder Reinecke.

diesen Programm-Sinfonien wieder auf die den Musikern von Alters her eigene Freude am Versuchen, der Tonsprache eine Prägnanz zu geben, die sie ihrer Natur nach nie erreichen kann. Sobald es über eine poetische Andeutung ganz allgemeiner Natur hinaus soll, ist das Spiel verloren. Denn Ditters wollte nicht etwa „mehr Empfindung als Malerei" geben, wie es Beethoven versucht und gekonnt hat; er wollte auch nicht das poetische Programm als Rechtfertigung und Erklärung neuer Formbildungen benutzen, wie es Liszt versucht und nicht gekonnt hat. Er wollte vielmehr wirklich schildern und ausdrücken, und er charakterisirt nun mit einer naiven Unbefangenheit, welche noch die des braven Thomascantors Kuhnau übertrifft, der in seinen biblischen Historien doch auch die merkwürdigsten Scherze treibt. Was ihn bei den einzelnen Metamorphosen-Stücken angezogen hat, lässt sich meist leicht erkennen. Gewöhnlich ist es die Möglichkeit, Naturlaute nachzuahmen oder Bewegungsvorstellungen durch Notenreihen anzudeuten. In der Phaëton-Sinfonie wird das Rollen des Sonnenwagens, das Schleudern des Blitzes gezeichnet, im „Aktäon" gab die Jagd mit Hörnerklang und Hundegebell, das Murmeln der Quelle, in die Diana taucht, erwünschte Gelegenheit zu tonmalerischen Künsten. Die Verwandlung der lycischen Bauern in Frösche lockte ihn zu einer Darstellung des Froschgequakes und des Hüpfens, das übrigens bereits Händel im „Israel" durch dieselben Mittel wirkungsvoll ausgedrückt hatte. So schliesst jeder dieser Vorwürfe irgend ein Moment ein, dessen sich die Musik in ihrer Art bemächtigen kann. Für einen Satz langt das: bei den anderen mag der Zuhörer sehen, wie er auf seine Rechnung kommt. Denn

trotz der schönsten lateinischen Ueberschriften sind sie
absolute Musik, so gemüthlich, wie sie nur je musicirt
worden ist. Auch Ditters fühlt bisweilen, dass die Kraft
der Musik an bestimmten Punkten versagt. Mit einer
gewissen Resignation sagt er in der ausführlichen Inhaltsangabe zu „Ayax et Ulysse" am Schluss: „Da aber
der Componist neuerdings eingestehen muss, dass er
weder Farbe noch Geruch der Blumen durch Töne zu
malen fähig ist, so ersucht er den Zuhörer, ob er sich
nicht mit geschlossenen Augen beim Vortrag des letzten
Adagio non molto ein ganzes Beet der herrlichsten
Blumen, vor dem er bald nach Sonnenuntergang sitzt,
und sowohl Auge als Geruchswerkzeuge sättigt, zu idealisiren belieben will." Nun ja! Doch dazu bedarf es am
Ende keiner Musik. Die Macht der lateinischen Ueberschriften darf keineswegs unterschätzt werden. Für ein
Billiges konnte man hier gebildet thun, konnte seine
Wissenschaft der Mythologie und der römischen Literatur
verwerthen, was damals für manche Leute so gut seine
Reize hatte wie jetzt.

Auch von Dittersdorf's Kammermusik ist sehr viel
verloren gegangen. Interessant sind die Quintette mit
zwei Violoncelli. Boccherini hat ihm darin den Weg
gewiesen. Er war seit 1785 Kammercomponist Friedrich
Wilhelm's II., der selbst gern und gut Violoncello spielte,
und soll im Ganzen 113 Quintette dieser Art geschrieben
haben, von denen einige noch vor das Jahr 1776 fallen.
Dittersdorf hatte Friedrich Wilhelm schon in Schlesien
kennen gelernt, machte auf seine Veranlassung 1789 eine
Reise nach Berlin und componirte in demselben Jahre
auch sechs dieser Quintette, also wahrscheinlich für den
Gebrauch des Königs. Da dem Violoncello ein Gefährte

beigesellt ist, gewinnt es die Freiheit, gelegentlich eine Cantilene zu singen, ohne des stützenden Basses verlustig zu gehen. Wie wundervoll später Schubert diese Instrumentencombination angewandt hat, ist bekannt. Unter Dittersdorf's Quartetten sind am populärsten geworden die sechs bei Artaria in Wien erschienenen. Das in Es-dur wird noch heute gelegentlich gespielt. Beim Studium dieser zierlichen Gebilde begreift man ein wenig das Urtheil jenes norddeutschen Kritikers, der in Dittersdorf's Werken eine unvermittelte Mischung von ernsten und komischen (soll wohl heissen „heiteren") Elementen fand. Wenn in ein behaglich schwatzendes Rondo plötzlich ein schwermüthiges ungarisches Motiv mit aller Wucht hinein fällt, um ebenso plötzlich wieder zu verschwinden, oder wenn in einem anderen Satz das Hauptthema von einem irrlichtelirenden, halb recitativischen Nebengedanken bald nach A-dur, bald nach B-dur geführt wird, so sind das Dinge, die Dittersdorf's Zeitgenossen als zu stark contrastirend auffielen und zu Tadel Anlass gaben.

Merkwürdig ist es, dass seine Concerte zum grössten Theil verschwunden sind. Nur das Archiv der Gesellschaft der Musikfreunde in Wien bewahrt noch zwei für Violine, die königliche Bibliothek in Dresden eins für Clavier und die Schweriner Sammlung zwei für Violone und Bass auf; von denen für Oboe habe ich trotz eifrigen Suchens kein einziges erlangen können, was man bedauern muss, denn ein Schriftsteller jener Zeit, der über Dittersdorf und einige seiner Kunstgenossen geistreichelt (C. L. Junker, Zwanzig Componisten. Bern, 1776), will seinen Werth vornehmlich nach den Oboeconcerten bemessen haben.

In allen Instrumentalwerken Dittersdorf's, so weit
sie erhalten und der Durchsicht zugänglich sind, zeigt
sich eine äusserst leicht gestaltende Hand und eine an-
muthige Erfindung. Die Melodik hat Verwandtschaft
mit der Haydn's, ohne doch der gleichen Phantasiefülle
zu entspringen: bei Haydn ist ein weit grösserer Reichthum an originalen Gedanken und Wendungen. Derselbe
Qualitätsunterschied besteht auch in der Formkunst der
beiden Meister, die so oft neben einander genannt werden.
Ditters schreibt glatt, elegant, Haydn genial. Wie dieser
ein Thema verarbeitet, dreht und wendet, bis es alle
Seiten gezeigt hat, wie er es fallen lässt und wieder auf-
nimmt, das ist oft ganz überraschend und neuartig. Eine
Zeit, die an Mozart's Compositionen die Schwierigkeit
des Satzes und das zu stark Gewürzte tadelt, musste
naturgemäss auch an Haydn Manches auszusetzen finden.
Ditters war bequemer. Es ist Alles bei ihm in schönem
Fluss, er vergab sich künstlerisch nichts, arbeitete sauber
und correct, fiel nicht durch hohe Anforderungen an die
Fassungskraft seiner Zuhörer lästig und hatte so ein
gross Publicum.

Da er zudem, wie gesagt, ausserordentlich schnell
producirte — die Partitur der „Esther" war in vier
Wochen fertig, und 1786 schrieb er von Anfang Januar
bis Ende October fünf grosse Werke: „Hiob", „Doctor
und Apotheker", „Betrug durch Aberglauben", „Democrito" und „Die Liebe im Narrenhause" — so ist es erklärlich, dass der Musikalienmarkt von seinen Compositionen voll war. Ganz ähnlich wie die Sinfonien und
Kammermusiken stehen seine Oratorien und Messen innerhalb ihrer musikalischen Umgebung. An Händel darf
man nicht denken, sondern an Hasse, Graun und ähn-

liche Zeitgrössen, denen Dittersdorf in dieser Compositions-
art etwa ebenbürtig ist. Nur war Graun noch ein grösserer
Satzkünstler als er. In der ganzen „Esther" sind die
Chöre in schlichtester Homophonie gehalten; mit ihnen
wechseln lange Recitative und bunt colorirte Arien. Sie
klingen, scheint mir, alle sehr gut, und Manches, wie
der Furienchor, der übrigens stark an Gluck gemahnt,
sticht durch einen Zug von überraschender Grösse hervor. Der Zuschnitt des Ganzen jedoch hält sich in engen
künstlerischen und geistigen Grenzen. Der „Hiob" steht
im Durchschnitt höher. Neben dem weit ausgesponnenen
Fugato am Schluss des ersten Theils verdient besondere
Beachtung die Fuge des letzten Chores, die, so weit
meine Kenntnisse reichen, wohl die beste ist, die Dittersdorf geschrieben hat. Sonst lag ihm die Polyphonie
nicht bequem in der Hand. Ein Instrumentalfugato ge-
lingt ihm ab und zu recht gut, aber wenn er eine wirk-
liche Fuge schreibt, so ist der Zwang meistens deutlich
zu merken. Ich denke z. B. an die Fuge auf die Worte
„In Gloria Dei patris amen" in einer Messe aus B-dur:
die wenig geschickten Ueberleitungen von Durchführung
zu Durchführung und das steife Wesen der Fugirung
zeigen, wie wenig wohl ihm bei der Sache war. Man
braucht nur einen polyphonen Satz von Graun, etwa die
Doppelfuge „Christus hat uns ein Vorbild gelassen" aus
dem „Tod Jesu", daneben zu halten, um des grossen
Unterschiedes inne zu werden. Und Haydn's „Schöpfung"
mit ihrem lebendigen, wie von der Natur selbst ge-
schaffenen Weben von Stimmen und Instrumenten steht
noch viel weiter ab: das ist eine neue Welt.

Wesentlich anders liegen die Dinge auf dem Gebiete
der komischen Oper. Hier konnte Ditters zum Refor-

mator werden kraft seines gerade nach dieser Richtung
strebenden Talentes. Es war in Deutschland lange schlecht
bestellt um die nationale Oper. Die Italiener beherrschten
das Feld der Bühnenmusik, so weit sie als Kunst galt,
absolut. Nun empfand die breite Masse des Volkes aber
das Bedürfniss, auch Opern in der Muttersprache zu
hören, und es fehlte nicht an Versuchen, eine deutsche
Opernbühne zu schaffen. Die Hamburger Oper war schon
vor Mitte des Jahrhunderts dem Andringen der Italiener
erlegen. Dann hatte in den sechziger Jahren J. A. Hiller
in Leipzig mit kleinen, anmuthigen Singspielen Glück
gemacht, und Männer wie Benda, Schweitzer, Wolf, Neefe,
André folgten seinen Spuren. Diese Singspiele — man
nannte sie Operetten, was nur ein Diminutiv des Wortes
Opera war und gänzlich des hässlichen Beigeschmackes
entbehrte, der dem Genre heute anhaftet — diese Singspiele hatten mit der eigentlichen Oper im Grunde wenig
zu schaffen. Sie waren Schauspiele, Volksstücke mit
eingelegten Liedern und Arien, ähnlich den französischen
Spielopern eines Monsigny und Philidor, nur etwas ge-
ringer geartet. Denn das Darstellerpersonal im deutschen
Singspiel war nach Reichard's Schilderung von übelster
Beschaffenheit. Darauf musste der Componist immer
Rücksicht nehmen, denn „er wusste ja, dass er nicht für
Sänger, sondern für Schauspieler schrieb, die es sich
sonst kaum hatten einfallen lassen, beim Weine zu singen,
und dass sie ihre Kehlen durch Kirchengesänge nicht
ausgeschrieen, dafür konnte er auch so ziemlich sicher
sein". Durch diese Verhältnisse wurde natürlich das
künstlerische Niveau der Operettenmusik nicht gerade
erhöht. In Berlin fanden Aufführungen deutscher Opern
regelmässig seit 1769 statt; der rührige Döbbelin hatte

sie eingerichtet, als er sah, welche Erfolge eine französische Truppe mit den graziösen Schöpfungen ihres Heimathlandes davontrug. Die Güte der Vorstellungen litt auch hier unter der Unzulänglichkeit der ausführenden Kräfte. In Weimar, Mannheim und anderen Städten wurden ebenfalls gelegentlich deutsche Opern gegeben; aber das erste Institut, das ausschliesslich der Pflege der deutschen Oper gewidmet war, und an dem nur kunstgeübte Sänger und Sängerinnen beschäftigt waren, entstand, wenn wir von der Hamburger Episode absehen, in Wien. Kaiser Josef II. hatte als Seitenstück zum Nationaltheater auch ein „Nationalsingspiel" gegründet. 1778 wurde das Unternehmen mit Umlauf's „Bergknappen" eingeweiht, und im Laufe der ersten Jahre kamen theils Bearbeitungen ausländischer Producte, theils deutsche Originalwerke von Aspelmeyer, Ulbrich, Mozart, Salieri und Anderen zur Aufführung. Das Interesse der massgebenden musikalischen Kreise an deutscher Opernkunst war aber ein so geringes, dass das Nationalsingspiel schon 1784 zu bestehen aufhörte. Im nächsten Jahre trat es, mit Monsigny's „Felix" als Eröffnungsvorstellung, wieder ins Leben. Doch war ihm ein langes Dasein auch diesmal nicht beschieden, und vielleicht wäre es noch früher entschlafen als 1788, wenn nicht inzwischen Dittersdorf mit seinen Opern auf dem Plan erschienen wäre.

Der Erfolg des „Apothekers" ist eine der merkwürdigsten Erscheinungen in der Operngeschichte des achtzehnten Jahrhunderts. Die erste Aufführung fand am 11. Juli 1786 statt, und in demselben Jahre folgten noch neunzehn andere. In Berlin ging es noch besser; dort wurde der „Apotheker" 1787 in zwölf Tagen sechsmal, im Ganzen gegen hundertmal gegeben. Und in anderen Städten, in München, Frankfurt, Dresden, Leipzig, Hamburg, Strassburg, Prag, Weimar, wiederholte sich das Spiel in ähnlicher Weise. Selbst das Ausland blieb nicht zurück. Frankreich bemächtigte sich des erfolgreichen Singspiels so gut wie England, wo es Storace in einer freilich sehr merkwürdigen Bearbeitung auf die Bühne brachte.

Auf das Conto des „Apothekers" hin fanden auch die folgenden Opern, besonders die „Liebe im Narrenhause" und „Betrug durch Aberglauben", starken Beifall. Denn die „Theaterzeitung für Deutschland" (1789) hat Recht ,wenn sie bemerkt: „Diese Oper („Der Apotheker und der Doctor"), welche in Betracht ihres Alters das erste Werk des berühmten Dittersdorf's ist, kann auch füglich, in Ansehung ihres musikalischen Werthes das erste Werk desselbigen genannt werden. Ein Fall, welcher fast allemal bei denjenigen Meistern eintritt, welche viel Originelles in ihrer Manier haben, und welcher eben in dieser Originalität seinen Grund hat." Und auch andere Blätter der Zeit deuten an, dass Ditters seine Lieblingsmelodien und Wendungen habe, die immer wiederkehren. Der „Apotheker" enthält gewissermassen in concentrirter Form Alles, was Ditters als Operncomponist an auszeichnenden musikalischen Eigenschaften besass; an ihm werden sich deshalb am besten die Eigenthümlichkeiten des Componisten nachweisen lassen. Den Text nennt Otto Jahn „unglaublich platt", und man kann ihm darin leider nicht widersprechen. Als mildernder Umstand kommt jedoch in Betracht, dass die meisten Libretti der komischen Opern des achtzehnten Jahrhunderts unter dem Druck der Tradition leiden: die Verkleidungs-

witze und die Personentypen der Commedia dell' arte,
der englischen Singspiele, der Hanswurstkomödie gehen
in ihnen um und geben ihnen mehr Derbheit und tölp-
lige Unbefangenheit, als uns heute gut scheinen will.
Die Componisten waren im Allgemeinen wenig geneigt,
sich ästhetischen Scrupeln hinzugeben, und Dittersdorf
schon gar nicht. Werfen ihm doch bereits damals einige
feiner empfindende Kritiker vor, dass er zu unwählerisch
in seinen Texten sei.

Im „Apotheker und Doctor" begibt sich nun Folgendes.
Die Familien des Apothekers Stössel und des Doctors
Krautmann stehen sich gegenüber wie etwa die Mon-
tecchi und Capuletti. Der Doctor hat einen Sohn Gotthold, der Apotheker eine Tochter Leonore, und beide
junge Leute lieben sich natürlich. Ausserdem ist noch
eine Nichte da, Rosalie, die mit dem Feldscher Sichel
im Liebesverhältniss steht. Die Apothekersleute wollen
ihre Tochter mit dem reichen, aber einäugigen und stelz-
füssigen Hauptmann Sturmwald verheirathen, also nehmen
die Verliebten unter Leitung Sichel's Zuflucht zu einer
Entführung. Erst muss der Apotheker aus dem Haus
gelockt werden. Sichel fasst ihn bei seiner schwachen
Seite, der Leidenschaft für Quacksalbercuren: er erscheint spät Abends als Abgesandter eines vornehmen
Kranken, um Stössel's Hülfe in Anspruch zu nehmen.
Stössel geht auch in die Falle und entfernt sich mit
seinem Arcanum, und nun schlüpfen die Liebhaber ins
Haus. Aber sie werden von Sturmwald gesehen, der
sich zu Stössel begibt, um die Eindringlinge zu fangen.
Diese haben sich inzwischen mit den Mädchen verständigt,
und Alles ist zur Flucht bereit, als Frau Claudia, eine
böse Xantippe, erwacht und aus ihrem Zimmer kommt.

Die Männer verstecken sich im Laboratorium, während
die Mädchen von der erzürnten Apothekerin, die zum
Ueberfluss in Leonorens Tasche den fertigen Heiraths-
contract entdeckt, hart angelassen werden. Inzwischen
ist Stössel zurückgekommen, begleitet von dem etwas
bezechten Sturmwald. Sie suchen, aber finden die ver-
steckten Liebhaber nicht, weil Stössel gerade in sein
Laboratorium, sein „Heiligthum", Keinen hineinlässt.
Nun gehen Alle zu Bett; Rosalie wird eingeschlossen,
Leonore muss zur Mutter, Sturmwald setzt sich auf einen
Stuhl, um die Thüren zu bewachen, und schläft, vom
Rausch bezwungen, ein. Sichel und Gotthold schlüpfen
hervor, ziehen ihm seine Uniform aus, schnallen ihm den
Stelzfuss ab, sperren ihn ins Laboratorium und machen
sich aus dem Staube.

Am nächsten Morgen in aller Frühe erscheinen sie
wieder, Sichel als Sturmwald verkleidet, Gotthold als
Notar, und drängen zur Ausfüllung des Ehecontractes.
Leonore sträubt sich erst, aber als ihr Gotthold heimlich den Sachverhalt erklärt, unterschreibt sie und entfernt sich mit dem angeblichen Notar und Rosalie. Sichel
wartet auf eine Gelegenheit, um ebenfalls zu ent-
schlüpfen, — da meldet sich der eingeschlossene Sturmwald. Während Stössel auf die Polizei läuft, weil er
Sturmwald für einen Dieb hält, wirft Sichel die Ver-
kleidung ab und begibt sich in eine neue, in eine Weiber-
tracht, in der er unerkannt entkommt. Auch der Doctor
Krautmann sucht polizeiliche Hülfe: der Kranke ist dem
Heiltrank Stössel's erlegen, und der Doctor will den
Apotheker wegen Curpfuscherei zur Verantwortung ziehen.
Alle Personen, auch Sturmwald, der unterdess aus seiner
üblen Lage befreit ist, treffen in dem Garten zusammen,

in den Gotthold, Leonore und Rosalie sich geflüchtet
haben. Jetzt ist der Verfasser des Textes aber mit
seiner Weisheit zu Ende. Er findet aus der unsäglichen
Verwirrung, die er angerichtet hat, keinen anderen Aus-
weg, als dass er eine plötzliche Versöhnung unter den
streitenden Parteien ausbrechen lässt. Krautmann ver-
zichtet auf die gerichtliche Verfolgung Stössel's unter
der Bedingung, dass Jener Gotthold nicht wegen der
Entführung verhaften lässt: die beiden Liebespärchen
heirathen sich, und auch der invalide Hauptmann scheint
mit dem Lauf, den die Ereignisse genommen haben, ganz
zufrieden zu sein.

Auf ähnlicher geistiger Höhe, nämlich ganz im
Gebiet des niedrig Komischen, bewegen sich die meisten
der übrigen Texte, die Dittersdorf componirt hat. In
„Betrug durch Aberglauben" wird ein von Gespenster-
furcht und Schatzgräberleidenschaft besessener Baron,
der seine Tochter zur Salvirung der eigenen Seele ins
Kloster thun will, von seinen Bediensteten genasführt und
vom Liebhaber der Tochter auf Grund seines Aberglaubens
zurUnterzeichnung des Ehecontractes gebracht: man lockt
ihn zu nächtiger Stunde in eine vergitterte Gruft behufs
Hebung eines Schatzes; eine mit Gold gefüllte Urne
wird ergraben, aber ein Geist (der Diener des Liebhabers) fleht um Erlösung, die nur dann geschehen
könnte, wenn die Tochter den Erwählten ihres Herzens
heirathe. Die Zustimmung erfolgt, und nach der Ent-
hüllung macht der Gefoppte gute Miene zum guten Spiel.
„Die Liebe im Narrenhause" nutzt mit unbegreiflicher
Gefühlsrohheit die Phantastereien der Irrsinnigen zur
Erheiterung des Publicums aus. Diese eigenthümlichen
Lustbarkeiten stehen jedoch ziemlich abseits der Hand-

lung, die da zeigt, wie der schlechte Charakter eines schlechten Narrenwärters enthüllt wird. Constanze soll diesen alten und begüterten Aufseher heirathen, liebt aber einen andern, der Irrsinn heuchelt und sich ins Narrenhaus sperren lässt, um ihr nahe zu sein. Die eigentliche Natur des gleissnerischen Aufsehers tritt zu Tage, als sein Bruder stirbt und ihn enterbt hat. Zum Glück ist der Erbe gerade Constanzens Liebhaber, so dass nun auch ihr Vater nichts mehr gegen die Ehe einzuwenden hat. Im „Hieronymus Knicker" verhindert die List zweier verliebten Paare mit Hülfe eines unbeschreiblich albernen Dialogs und einer ebenso beschaffenen Scenenführung, dass ein grauhaariger Geizhals sein Mündel einem halbtauben, alten Mann verschachert und selbst ein junges Mädchen heirathet. Als Ersatz muss er die Kammerzofe, der er in schwacher Stunde die Ehe versprochen hat, zum Altar führen, während die intrigirenden Paare ans Ziel ihrer Wünsche kommen. Das „Rothe Käppchen" ist das letzte Mittel, das eine ehrsame, durch die Eifersucht ihres Eheliebsten gepeinigte Frau anwendet, um ihn zur Vernunft zu bringen, nachdem alles Andere versagt hat. Diese wunderthätige Kappe, die dem unbekehrbaren Eifersüchtler durch einen im Complott steckenden als Hausierjude verkleideten Leutnant zum Kauf angeboten wird, soll die Wirkung haben, dass den, der sie trägt, alle Weiber lieben. Die Probe aufs Exempel scheint zu stimmen, und die eheliche Eintracht ist wieder hergestellt, da der Mann von nun an immer das Käppchen tragen wird. Ueber das Niveau der bis jetzt erwähnten Texte hebt sich der italienische zum „Democrito corretto" insofern hinaus, als die Haupthandlung durchaus ernst ist

und eher der Opera seria als der Buffooper angehört.
Der Fürst von Athen hat auf der Jagd eine Hirten-
tochter kennen gelernt, liebt sie und will sie zu sich
auf den Thron erheben. Eine Fürstin, die selbst diesen
Platz beansprucht, zettelt eine Verschwörung gegen den
Regenten an, um ihn zu stürzen und die Missehe zu
hindern. Da stellt es sich heraus, dass die Hirtin die
wahre Fürstin ist, die Fürstin jedoch von niederer Her-
kunft; die Verschwörung wird unterdrückt, Fürst und
Fürstin werden glücklich. Demokrit, der bekannte Philosoph, ist nur Nebenfigur; er lacht und spottet über
allerlei Thorheiten der Menschen, da es aber geschieht,
dass er selbst sich gelegentlich ebenso thöricht und feige
benimmt wie die Andern, so beschliesst er, hinfort nur
noch über sich selbst zu lachen. Ganz Possenspiel ist
dagegen wieder „Hokus Pokus". Ein Pferdehändler und
seine Schwester geben vor, sie seien gräflichen Geschlechts,
um einen Baron nebst Schwester zu kapern, die aber
auch nur Schauspieler und Tänzerin sind. Nachdem
die Verlobung über Kreuz geschlossen, wird der gegen-
seitige Betrug offenbar, doch grollt keins dem Andern.

Man genirt sich etwas, dies Alles zu erzählen, aber
ein Blick auf unsere neueste Possen- und Operetten-
literatur verscheucht sofort Pharisäergedanken. Und
es ist dabei zu berücksichtigen, dass einmal bei einer
flotten, lustigen Aufführung Vieles erträglich erscheint,
was in der trockenen Inhaltsangabe als ungeheuerlich
dumm auffällt, und dass ferner die Musik ein sehr kräf-
tiges Vehikel für allerlei Textballast ist. Besonders im
„Apotheker" war sie so gut gerathen, dass der grosse
Erfolg des Stückes allein dadurch erklärlich wird. Ditters
hat von den Italienern viel gelernt. Der „Opera buffa"

entnahm er das parlando-artige, oftmalige Wiederholen
einer kleinen Gruppe schnelllaufender Noten. Auch das
grossspurige, weitschrittige Wesen mancher komischen
Arien erinnert an italienische Muster. Dann gab ihm
die italienische Oper noch jenen eigenthümlichen Effect,
den die Italiener kurzweg „das Crescendo" nennen: eine
aus wenigen Tacten bestehende Figur wird von einer
Singstimme pianissimo angefangen und von wenigen
Instrumenten pianissimo begleitet; nach und nach treten
immer mehr Stimmen und Instrumente hinzu, bis zuletzt
das ganze Orchester und alle auf der Bühne agirenden
Personen betheiligt sind und die Tonstärke das Fortissimo
erreicht hat. Im „Apotheker" kommt gegen Schluss
des ersten Finales solch' ein Crescendo vor auf die
Worte: „Mir schlägt das Herz gleich einem Hammer".
Endlich ist das Opernfinale selbst ein italienisches Pro-
duct, um dessen Ausbildung sich Logroscino, Pergolese,
Piccini und Andere verdient gemacht haben. Man sollte
meinen, es wäre selbstverständlich, dass an einem Cul-
minationspunkt der Handlung auch die Musik · sich
sammelte und die Gelegenheit, Soli und Ensemble, Tact,
Rhythmen und Tonarten in buntem Spiel wechseln zu
lassen, freudig ausnutzte. Aber das Selbstverständliche
geschah, wie so häufig, auch hier verhältnissmässig spät.
Ueber hundert Jahre hatte die Oper bestanden, ehe ihr
dies breit ausladende musikalische Schlussstück ein-
gefügt wurde; bis dahin hatte man sich an jener Stelle
mit einer Arie oder einem Duett begnügt. Ditters war
nun der Erste, der diese Errungenschaft für die deutsche
komische Oper nutzbar machte, und das erste Finale
des „Apothekers" ist gleich ein Meisterstück der Gattung.
Nicht allein erscheint es seiner Ausdehnung nach im-

posant — es füllt im Clavierauszug 42 Seiten, kaum
weniger also als das berühmte erste Finale von „Figaro's
Hochzeit" —, sondern es zeigt auch eine Sicherheit in
der Gruppirung der Gegensätze, eine Freiheit im Gebrauch
der Ausdrucksmittel, die zur Bewunderung zwingen.
Wenn schon Ditters Mancherlei von aussen her sich an-
geeignet hat, so durfte er doch gleich Goethe in Bezug
auf seine Vorbilder sagen:

> „Ihr Frohmahl hab' ich unverdrossen
> Niemals bestohlen, immer genossen."

Niemals hat er nur nachgeahmt, immer vielmehr
verarbeitet. Denn seine künstlerische Persönlichkeit
war kräftig genug, um Fremdes ohne Schaden sich zu
assimiliren. Er besass eine frisch quellende melodische
Erfindung. Sie hatte nicht die schöne Linie und den
Adel der Mozartischen Melodik, auch ruhte sie nicht
auf so reichem harmonischen Grunde wie jene, doch
eignete ihr ein durchaus populäres Wesen; ja, es kommt
wohl gelegentlich zu einem leicht philiströsen Anstrich,
einem gewissen Biedermeyer-Ton, der dem Text gar nicht
übel steht. Gleich das erste Quintett im „Apotheker": „O,
wie herrlich, o, wie labend" ist auf diesen Ton gestimmt,
aus dem einige glänzende, sehr schwere Coloraturarien
später merkwürdig herausfallen. Denselben Gegensatz
zwischen schlichtem, volksthümlichem Wesen und der
Art der grossen Oper finden wir in den übrigen Opern
Dittersdorf's, in „Betrug durch Aberglauben", nach dem
„Apotheker" vielleicht der sorgfältigst gearbeiteten
Partitur, im „Rothen Käppchen", das in Felssenberg's
Lied „Es war einmal ein alter Mann" eine wahre Perle
volksliedmässiger Melodieerfindung einschliesst, im
„Schiffspatron", im „Hieronymus Knicker", der trotz

seiner saloppen unmusikalischen Factur zu Dittersdorf's
bekanntesten und verbreitetsten Werken zählt. Die Or-
chesterbegleitung ist sehr durchsichtig, beweglich und voll
von charakterisirendem und malendem Detail, dabei reicher
instrumentirt, als es sonst im deutschen Singspiel der
Fall war. Im „Apotheker" werden neben dem Streichquartett Flöten, Oboen, Fagotte und Hörner gebraucht,
in der „Liebe im Narrenhause" treten noch grosse
Trommel, Schellen und Contrafagott hinzu, das auch im
„Democrito" eine Rolle spielt, und „Betrug durch Aberglauben" weist daneben noch Clarinetten, die auch sonst
ausser im „Apotheker" und der „Liebe im Narrenhause"
häufig Verwendung finden, sowie Trompeten und Pickel-
flöten auf. Die Mischung dieser verschiedenen Klang-
körper erfolgt sehr geschickt und wechselreich. Oefter
begleitet das Streichquartett allein, oder es tritt ein
concertirendes Instrument hinzu: eine Oboe, wie bei
Gotthold's Klage „Wann hörst du auf, verliebte Qual",
in Constanzen's zärtlicher Arie No. 6 („Liebe im Narrenhause") und anderswo, oder ein Violoncello, ja sogar der
Pickelflöte wird nicht geschont; und durch solche vielfältigen
Combinationen weiss er dem Orchesterpart in seinem Verhältniss zu den Singstimmen immer neue Reize zu geben.

Bei seinem scharfen Blick für alles Komische liess
sich Ditters nicht leicht eine Gelegenheit entgehen, auch
in der Opernmusik komische Wirkungen zu erzielen.
Der „Apotheker" ist reich an solchen Zügen. Besonders
gelungen erscheint mir immer die Scene, wo der be-
trunkene Sturmwald auf der Wacht einschläft. Hier
wird dem Sänger fast jede Bewegung musikalisch vor-
gezeichnet, z. B. das Taumeln, das ruckweise Ausziehen
der Uniformstücke bei beginnender Schlaftrunkenheit;

und wie der Kopf dann tiefer und tiefer sinkt, bis die
Bewusstlosigkeit des Schlafes eintritt, das schildern die
in pochenden Vierteln abwärts steigenden und immer
leiser werdenden Streicher mit fast greifbarer Deutlich-
keit. Am lustigsten wird es bei Dittersdorf, sobald auf
der Bühne Zank und Streit ausbrechen. Die Duette
zwischen Doctor und Apotheker, zwischen Filz und
Knicker, das erste Quartett im „Rothen Käppchen" mit
seiner wirbelnden Stretta, oder das Finale, das über den
Melodiegängen der Ouvertüre abgesungen wird, sind in
ihrer Art schwerlich zu überbieten. Sehr komisch wirkt
es auch, wenn im ersten Finale des „Hieronymus Knicker"
mitten in die Aufregung des lebhaft sprudelnden Drei-
vierteltactes der Larghettogesang des Nachtwächters
fällt, der vom Orchester unisono begleitet wird; und wie
in „Betrug durch Aberglauben" die als Geister ver-
mummten Rauchfangkehrer den Bitten und Fragen des
schatzgrabenden Barons immer ihr starres „Nein" ent-
gegenschleudern, das ist eine köstliche Parodie auf die
Scene zwischen Orpheus und den Furien bei Gluck.

So hatte Ditters alle Eigenschaften, die das grosse
Publicum verlangt, wenn ihm ein Componist gefallen
soll. Er unterschied sich von seiner näheren künstlerischen Umgebung, von den Hiller, Neefe, André, durch
grössere Beweglichkeit der Phantasie, durch grösseren
Reichthum der Formen und Ausdrucksmittel. Gegenüber den vorwärts drängenden genialischen Geistern
Haydn und Mozart, die zu schwer und gesucht befunden
wurden, war er wieder der behaglich an bewährten
musikalischen Zuständen Haftende. Der intellectuelle
Mittelstand, die künstlerische Bourgeoisie, das sind die
Kreise, deren Abgott er wurde.

Das Jahr 1786 brachte Ditters auf den Gipfel seiner künstlerischen Erfolge. Er selbst scheint den Besuch in Berlin, der 1789 auf Veranlassung Friedrich Wilhelm's II. erfolgte, als den Höhepunkt seines Daseins zu betrachten. Die Aufnahme in der preussischen Hauptstadt war freilich glänzend: der König behandelte ihn wie seinen Gast, Hofeinladungen folgten auf Hofeinladungen, der „Apotheker" wurde im Charlottenburger Schlosstheater unter Leitung des Componisten aufgeführt, das Opernhaus stand ihm zu einem eigenen Concert (Oratorium „Hiob") zur Verfügung, und mit Gold und Ehren überhäuft kehrte er nach Johannisberg zurück.[1])

Das waren leider nur äusserliche Dinge. Denn in der That führte jetzt sein Weg abwärts. Bis dahin hatte ihn das Glück wahrhaft verfolgt — nun nahm ihn das Unglück in die Arme. Am Podagra litt er schon vorher. Jetzt wurden Badereisen nöthig, die viel kosteten und wenig Hülfe brachten. Ausserdem benutzten Intri-

---

[1]) Bei diesem Berliner Besuch war er nach seiner Behauptung auch öfter mit Madame Rietz zusammen, und erzählt von ihr Mancherlei, was die Dame verdross. In der „Apologie der Gräfin Lichtenau gegen die Beschuldigung mehrerer Schriftsteller, von ihr selbst entworfen. (Leipzig und Gera 1808.) Bei Wilhelm Heinsius." Bd. I, S. 250 äussert sie sich selbst folgendermassen über Dittersdorf's Bericht: „Keine von allen Schriften, die meiner erwähnen, hat mich in gewissem Betracht so auf die Folter gespannt, als: ‚Karl von Dittersdorf's Lebensbeschreibung. Seinem Sohne in die Feder dictirt. Leipzig 1801.' Ich kannte diesen Musiker und Componisten par renommée sehr gut: und wer kennt ihn nicht aus seinem ‚Doctor und Apotheker', ‚Hieronymus Knicker' etc.! Mit Vergnügen würde ich seine persönliche Bekanntschaft gemacht haben: aber ich erinnere mich nun doch nicht, sie jemals gemacht zu haben, und sollte es mich das Leben kosten! Gleichwohl musste ich in gedachter Schrift mehrere Scenen lesen, die zwischen ihm

ganten Dittersdorf's Abwesenheit von Johannisberg, um
Zwietracht zwischen ihn und den Fürstbischof zu säen
und den ehrlichen Mann aus der Nähe des Kirchenfürsten zu verdrängen. Am 5. Januar 1796 starb Graf
Schaffgotsch. Sein Nachfolger, Fürst Josef von Hohenlohe-Bartenstein, pensionirte verschiedene der alten Be-
amten, unter ihnen auch Dittersdorf, der trotz seiner
sechsundzwanzig Dienstjahre nicht mehr als 353 Thaler
jährlich bekam. Ditters' gichtische Beschwerden hatten
sich inzwischen so verschlimmert, dass er am Kreuz und
an den Füssen ganz gelähmt war, und da Doctor und
Apotheker und Bäder sein Erspartes vollständig auf-
gezehrt hatten, so stand er mit Frau und Kindern

---

und mir vorgefallen. Zuerst erzählt er S. 257, wie er durch
Reichardt bei mir eingeführt worden und wie ich ihn auf Befehl
des Königs ein- für allemal in meine Loge im Opernhause sowie
in mein Haus in Charlottenburg zum Diner oder Souper eingeladen.
S. 261 ist er nun in meiner Loge, als eben die ‚Medea‘ von Naumann aufgeführt wird. Concialini als Jason begeht dabei einen
Fehler, über den Ditters ganz laut pfuy! ausruft. Hierüber wende
ich mich zu ihm mit den Worten: ‚Ooch ich finde diese Action
sehr jarstig. Ich werde ihm aber morgendes Tages sagen, dass en
Kunstrichter von Jewicht diese Bemerkung jemacht, und ich repon-
dire Ihnen, dass er janz jewiss seine Action ändern wird, denn er
iss mein Hausfreind und nimmt jerne juten Rath von mir an‘. Ich
muss gestehen, dass, wenn sich Alles auch so verhielte, so wäre
es doch von Ditters, der soeben meine Gastfreundschaft gerühmt,
sehr unartig, mich in diesem Pöbeldialecte dem Publicum vor-
zuführen. In der That aber habe ich ihn nie gehabt, da mein
Vater ein Sachse, der sehr reines Deutsch sprach — und meine
Mutter eine Breisgauerin aus Freiburg war, und ein Kind ja doch
wohl am meisten den Dialect seiner Eltern annimmt. — Es folgt
die zweite Oper ‚Protesilao‘, componirt — halb von Reichardt, halb
von Naumann. Hier nun setze ich, wie Herr Ditters etwas stark
sagt, ihm das Messer an die Kehle, indem ich ihn von Seiten des

der grössten Noth gegenüber, bis Ignaz Freiherr von
Stillfried, der von dem Unglück des bekannten Com-
ponisten gehört hatte, ihm bei sich in Rothlhotta eine
Zuflucht bis zu seinem Tode bot und ihn so wenigstens
vor dem äussersten Elend schützte. Trotz allen Un-
glücks fand Dittersdorf noch Muth zu neuem Schaffen.
Zwei Aufsätze von ihm über musikalische Fragen erschienen in der Leipziger „Allgemeinen Musikalischen
Zeitung", die Lebensbeschreibung wurde verfasst, ausserdem schrieb er eine Anzahl deutscher und italienischer
Opern, sowie Instrumentalstücke und liess sie durch die
Firma Breitkopf & Härtel in Leipzig zum Kauf aus-
bieten. Aber Niemand mochte sie haben.

Königs befrage, welcher Musik er den Vorzug gebe. S. 264 steht
unser ganzer Dialog nun nicht mehr im Pöbeldialecte, sondern
hochdeutsch, wovon ein Wort mir sogar zu hoch ist, nämlich die
akumineusen Affairen, welches vermuthlich epineusen
heissen soll. Kurz, hier ist und bleibt ein schnurgerader Wider-
spruch, indem Ditters das Alles als wirklich vorgefallen erzählt;
ich hingegen mit meinem doch sonst so treuen Gedächtnisse mich
durchaus an nichts der Art erinnere. Dieses Räthsel würde mir
selbst auf immer dunkel geblieben sein, wenn ich nicht zum Glück
auf die Vorrede von Karl Spazier aufmerksam gemacht worden
wäre. Dieser erzählt, dass er mit dem Werke Veränderungen gemacht, sich hin und wieder Freiheiten erlaubt, kurz, die Geschichte
in einen Halbroman verwandelt. Nun begreife ich das Ganze;
und obwohl diese poetische Freiheit ziemlich stark ist, so ist mir
doch hier viel zu wenig Unrecht geschehen, als dass ich dagegen
auch nur Ein Wort verlieren sollte." In einem Punkt sagt die
Gräfin ganz entschieden die Unwahrheit. In der Vorrede Spazier's
steht kein Wort davon, dass der Herausgeber Zusätze gemacht
oder am Thatsächlichen das Geringste geändert hätte: er hat nur
einige Längen und Abschweifungen beseitigt, jener Bericht und
seine Fassung stammen also unzweifelhaft von Dittersdorf selbst.

Und hierin liegt mehr Tragik als in dem körperlichen und materiellen Verfall. Fünfzig Jahre gerüttelt voll von Glück sind vielleicht durch zehn Leidensjahre nicht zu theuer erkauft. Aber wenn ein Componist sieht, dass zehn Jahre genügt haben, um sein ganzes künstlerisches Lebenswerk auszulöschen, dass nach zehn Jahren Publicum und Verleger von ihm, der berühmt und gefeiert war wie kaum ein anderer seiner mitschaffenden Zeitgenossen, gar nichts mehr wissen wollen, so muss solche Erfahrung schmerzlicher sein als alles Andere. Das ist es, was Dittersdorf's Ende so traurig und ergreifend macht.

Verzeichniss
der Werke K. Ditters v. Dittersdorfs.

———

Jede Sinfonie ist hier zuerst dann aufgeführt, wenn sie durch einen der Breitkopfischen Cataloge in Abschrift ausgeboten wird. Erscheint sie später im Druck, so wird auf diese erste Anzeige zurückverwiesen. Dadurch ist es möglich, die chronologische Folge, soweit sie überhaupt festgestellt werden kann, inne zu halten. Auf die Opuszahlen ist in dieser Beziehung gar kein Verlass; sie scheinen von den Verlegern nach Gutdünken gewählt zu sein.

Die zu Dittersdorf's Zeit gedruckten Werke sind durch fette Schrift ausgezeichnet. Bei den Instrumentalwerken sind die Bibliotheken angegeben, die sie aufbewahren. Dass nicht jede einzelne Sammlung, die ein Manuscript oder einen Druck von Dittersdorf besitzt, angeführt werden konnte, liegt auf der Hand. Aber die Nachweise werden genügen, um Denen, die sich dafür interessiren, die Werke zugänglich zu machen. Bei den Vocalwerken ist diese Praxis für alle Musik, die nicht der Bühne angehört, ebenfalls beibehalten; für die Opern jedoch nur soweit es sich um die Partituren handelt, denn die Clavierauszüge sind ziemlich weit verbreitet.

Die Abkürzungen sind meistens leicht verständlich. Zur Vermeidung jeglichen Irrthums seien sie jedoch noch erklärt: Kgl. B. Berlin = Königliche Bibliothek in Berlin. Kgl. H.-B. Berlin = Königliche Haus-Bibliothek in Berlin. (Die dahinter stehenden Nummern beziehen sich auf G. Thouret's „Catalog der Musiksammlung auf der Königlichen Hausbibliothek im Schlosse zu Berlin". Leipzig 1895.) Kgl. B. Dresden = Königliche Bibliothek in Dresden. Schwerin = Die Musikalien-Sammlung des Grossherzoglich Mecklenburg-Schweriner Fürstenhauses. Vgl. den Katalog von Otto Kade. Wismar 1893. H.-B. Wien = Hof-Bibliothek in Wien. G. d. Mfr. = Archiv der Gesellschaft der Musikfreunde in Wien. Brit. Mus. = Bibliothek des British Museum in London. Br. Cat. bezeichnet die gedruckten Cataloge der Verlagsbuchhandlung Breitkopf etc. in Leipzig. Br. Suppl. = die zu den Catalogen gehörigen Supplemente mit den Anfängen der einzelnen Stücke in Noten. St. = Stimmen. Part. = Partitur. Cl.-Ausz. = Clavier-Auszug.

Instrumentalmusik.

I. Sinfonien.

1. Sinfonia a 2 Viol., Vla., Basso, 2 Corni, 2 Oboi.

Br. Suppl. 1766. Später gedruckt in Op. IV. Schwerin. St. Im Clavier-arrangement angezeigt in Br. Suppl. 1767.

2. *Sinfonia a 2 Viol., 2 Viole, Basso, 2 Corni, 2 Oboi.*

Br. Suppl. 1766. Später gedruckt in Op. 1. Im Clavierarrangement angezeigt in Br. Suppl. 1767.

3. *Sinfonia a 2 Violini, 2 Vle., Basso, 2 Corni, 2 Oboi.*

Br. Suppl. 1766.

4. *Sinfonia a 2 Viol., Viola, 2 Corni, 2 Oboi.*

Br. Suppl. 1766.

5. *Sinfonia a 2 Vl., Vla., Basso, 2 Corni, 2 Oboi.*

Adagio.

Br. Suppl. 1766.
Kgl. H.-B. Berlin. No. 998. St.

6. *Sinfonia a 2 Vl., Vla., Basso, 2 Corni, 2 Oboi.*

Br. Suppl. 1766. Später gedruckt in Op. 1.
Kgl. H.-B. Berlin. St. No. 989.
Kgl. B. Dresden. St.

7. *Sinfonia a 2 Viol., Vla., 2 Corni, 2 Oboi.*

Br. Suppl. 1767. Später gedruckt in Op. IV.

8. *Sinfonia a 2 Viol., Vla., Basso.*

Br. Suppl. 1767.

9. *Sinfonia a 2 Viol., Vla., Basso, 2 Corni, 2 Oboi.*

Br. Suppl. 1767.

10. *Sinfonia a 2 Viol., Vla., Basso, 2 Corni, 2 Oboi.*

Br. Suppl. 1767.

11. *Sinfonia a 2 Viol., Vla., Basso, 2 Corni, 2 Oboi.*

Br. Suppl. 1767.
Schwerin. St. Später
gedruckt in Op. IV.

12. *Sinfonia a 2 Viol., Vla., Basso, 2 Corni, 2 Oboi.*

Br. Suppl. 1767.
Kgl. H.-B. Berlin. No. 992.
St.

13. *Sinfonia a 2 Viol., Vla., 2 Corni, 2 Oboi.*

Br. Suppl. 1766.
Kgl. B. Dresden.
Kgl. H.-B. Berlin. No.
995. St.

14. *Sinfonia a 2 Viol., Vla., Basso, 2 Ob.*

Br. Suppl. 1768.

15. *Sinfonia a Viol. princip., 1 Viol., Vla., Basso, 2 Ob.,
2 Corni.*

Br. Suppl. 1768.

16. *Sinfonia a 2 Viol., Viola e Basso, 2 Corni, 2 Oboi.*

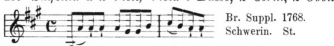

Br. Suppl. 1768.
Schwerin. St.

17. Sinfonia a 2 Viol., Vla., Basso, 2 Oboi, 2 Corni.

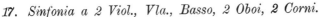

Br. Suppl. 1768.
Kgl. H.-B. Berlin. No.
1000. St.   Später

gedruckt in Op. 1 und Op. V.

18. Sinfonia nel Gusto Di cinque Nazioni a quatro Stromenti obligati Con Due Oboe et Corni da Caccia Ad Libitum Del Signore Ditters. A Paris. Cour de l'Ancien Cerf St. Denis au Bureau d'Abonnement Musical.

Br. Suppl. 1768.
Brit. Mus. St.
Schwer. Handschrift. St.

In Hiller, Wöchentl. Nachrichten etc. 1768 S. 230, findet sich unter der „Fortsetzung der neuen praktischen Werke, die im Jahr 1767 zum Vorschein gekommen", folgende Anzeige des Werkes: „Das erste Allegro dieser Symphonie ist italiänisch, das Andante deutsch, das Allegretto englisch, die Menuet französisch, das Trio türkisch, und das letztere Allegro ist eine Nachahmung aller Musikarten überhaupt. Ey! und wer ist denn der Componist, in dessen Kopfe es so bund aussiehet? Herr Ditters ist es. Nun, wir haben wohl immer bei den Symphonieen und Concerten des Herrn Ditters gedacht, was doch der Mann eigentlich für einen Geschmack haben müsse. Hier finden wir, dass es der Geschmack aller Nationen seyn soll. Das klingt vornehm, aber auf der andern Seite ist es gerade so viel als gar keinen Geschmack haben. Vielleicht lernen wir durch die Bemühungen dieses seltsamen Componisten auch noch die chinesische, mongolische, caraibische und überhaupt die Musik der drey andern Welttheile kennen."

19. **The Periodical Overture In 8 Parts.** Composed by **Ditters. Number XXXVIII.** London Printed and Sold by **R. Bremner.** (2 Viol., Vla., Basso, 2 Ob., 2 Corni.) **Stimmen. 8 Hefte f.**

Brit. Mus. St.
Schwer. Hand-
schrift. St.
Br. Suppl. 1769.

20—22. **Six Simphonies à huit parties, composées par Charles Ditters, premier Violon et Maitre de Musique du Prince Esterazi** (!); **Oeuvre IV.** mis au jour par **Mr. Bailleux, Prix 12 Fr. à Paris.**

Diese sechs Sinfonien des Herrn Ditters sind etwas sorgfältiger und besser gestochen, als die in unserm vorigen Blatte angezeigten Sinfonien des Herrn Hayden; vielleicht ist daran ein Ohngefähr mehr Ursache, als die Aufmerksamkeit des Herrn Bailleux. Er mag etwas bessere Manuscripte bekommen haben, oder vielleicht verstand der Kupferstecher, der hier auf dem Titel genannt ist und Mr. Annereau heisst, das Ding besser.

Uebrigens scheinen diese Sinfonien eher von einer Hand herzurühren, als die sechs vom Herrn Hayden. Der halbe Theil davon ist auch hiesigen Orts schon längst bekannt. Man sehe den Breitkopfischen Catalogum nach, und man wird Supplem. II p. 2 die erste, vierte und sechste schon angemerkt finden. Die übrigen drey sind uns neu und fremd, und unter diesen hat uns die zweyte und fünfte am besten gefallen.

Herr Ditters hat sich mit seinen Sinfonien, deren er eine gute Anzahl geschrieben hat, in unsern Gegenden sehr beliebt gemacht; man kann auch nicht läugnen,

dass viel Munteres, Gefälliges, Ernst- und Scherzhaftes
in denselben sey. Herr Ditters ist sonst als ein grosser
Violinspieler bekannt, und es gereicht ihm zum Lobe,
dass er in der Sinfonienschreibart eine gute Mittelstrasse
beobachtet, und nicht sehr ins Schwere und Unbequeme
der Violin ausschweift. Im ersten Satze der sechsten
Sinfonie lässt er die erste Violin einmal bis ins drey-
gestrichene f steigen; da es aber stufenweise, nicht gar
zu schnell auf einander, und mit einer bequemen Passagie
geschiehet, so ist für ungeübte Violinisten auch nicht
viel Gefahr dabey. Der letzte Satz dieser Sinfonie ist gut
gearbeitet und thut einen grossen Effekt. Die fünfte
Sinfonie ist nur sechsstimmig, indem die Oboen nicht
dabey sind. Wir wollen noch die Anfangsthemata hier
beyfügen; sie sind alle in schneller Bewegung.

Hiller, Wöchentl. Nachrichten 1770 S. 70.

I. Siehe No. 11 (1767).

II.

III.

IV. Siehe No. 7 (1767).

V.

VI. Siehe No. 1 (1766).

Alle 6 Sinfonien
sind angezeigt in
Br. Suppl. 1769.
No. VI ist in der
in Amsterdam als
Op. 1 erschiene-
nen Sammlung v.
6 Sinfonien als
erste abgedruckt.
No. I wird in Br.
Suppl. 1770 eben-
falls als i. Amster-
dam gedruckt
verzeichnet, fin-
det sich aber
nicht unter jenen
sechsen. Sie kehrt
nochmals in Br.
Suppl. 1773 als
zweite in dem in
Paris gedruckten
Op. VIII wieder.

23. Sinfonia a 2 Viol., Vla. e Basso, 2 Ob., 2 Corni.

 Br. Suppl. 1769.

24. Sinfonia a 2 Viol., Vla., Basso, 2 Ob., 2 Corni.

Br. Suppl. 1769.
Neudruck in der S. 33
citirten Jubiläums-
ausgabe.

25/26. **Six Simphonies à 8 Instruments Deux Violons, Taille et Basse, Deux Hautbois, et Deux Cors de Chasse. Composées par Charles Ditters. Oeuvre Premier. Dediées A. Monsieur R. G. Martens Amateur de la Musique. A Amsterdam par J. Markordt. Marchand de Musique...** Brit. Mus. St.

I. Siehe No. 1 (1766).

II.

III. Siehe No. 6 (1766).

IV.

V. Siehe No. 17 (1768).

VI. Siehe No. 2 (1766).

27/28. **III Sinfonie da Carlo Ditters a 2 Viol., Vla.,**
Basso, 2 Ob., 2 Corni. Opera V. Parigi.

I.    Br. Suppl. 1769.

No. I u. III sind auch
in den 6 bei Huberty
als Op. V erschiene-
II. Siehe No. 17 (1768).   nen Sinfonien abgedruckt.

III.

29. *Sinfonia a 2 Viol., Vla., Basso, 2 Ob., 2 Corni.*

   Br. Suppl. 1770.

30. **Sinfonie périodique (Amsterdam) a 2 Viol., Vla.,**
Basso, 2 Ob., 2 Corni.

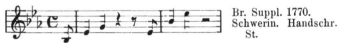   Br. Suppl. 1770.
Schwerin. Handschr.
St.

31. *Sinfonia a 2 Viol., Vla., Basso, 2 Ob., 2 Corni.*

   Br. Suppl. 1771.
Kgl. H.-B. Berlin. No. 997.
St.

32. *Sinfonia a 2 Viol., Vla., Basso, 2 Ob., 2 Corni.*

   Br. Suppl.
1771.
Kgl. Bibl.
Dresden. St.

In London im Clavierarrangement gedruckt unter folgendem
Titel:

The Favorite Sinfonie that was Performed at **Mr. Kammels**
Subscriptions Concert with universal Applause Dis-
posed for the Piano Forte or Harpsichord. Composed by Sigr. Carlo Ditters. London. Printed for
T. Skillern ...   Brit. Mus.

33. Sinfonia a 2 Viol., Vla., Basso, Flauto, 2 Ob., 2 Corni.

 Br. Suppl. 1772.

34. Sinfonie périodique (Amsterdam) a 2 Viol., Vla.,
Basso, 2 Flauti, 2 Corni.

 Br. Suppl. 1772.

35. Sinfonia a 2 Viol., Vla., Basso, 2 Ob., 2 Corni.

 Br. Suppl. 1772.

36. Sinfonia a 2 Viol., Vla., Basso, 2 Ob., 2 Corni.

 Br. Suppl. 1772.

37. Sinfonia a 2 Viol., Vla., Basso, 2 Ob., 2 Corni.

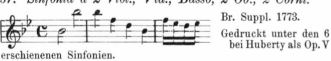 Br. Suppl. 1773.
Gedruckt unter den 6
bei Huberty als Op. V
erschienenen Sinfonien.

38. Sinfonia a 2 Viol., Vla., Fag., Basso, 2 Ob., 2 Corni.

 Br. Suppl. 1773.
Gedruckt unter den 6 bei Hu-
berty als Op. V erschienenen Sinfonien.

39/40. **III Sinfonie da Carlo Ditters a 2 Viol., Vla., Basso, 2 Ob., 2 Corni. Opera VI. Parigi.**

I.

II.

III. Siehe No. 30 (1770).

Br. Suppl. 1773.
Als Op. VI sind in Br.
Suppl. 1773 auch
Trios für 2 Viol.,
Vla. u. Bass ange-
zeigt.
No. I ist auch unter
den 6 bei Huberty
als Op. V erschiene-
nen Sinfonien ab-
gedruckt. Sie fin-
det sich handschriftlich auf Kgl. H.-Bibl. Berlin. No. 1065. St.

VI Simphonies à 4 parties obligé (!) avec hautbois, et cors ad libitum. Composées par C. Ditters. Oeuvre 5. Paris, Huberty. No. 107. 8 Hefte fol. Kgl. B. Berlin.

I. Siehe No. 27 (1769).   IV. Siehe No. 37 (1773).

II. Siehe No. 17 (1768).   V. Siehe No. 38 (1773).

III. Siehe No. 28 (1769).   VI. Siehe No. 38 (1773).

41—44. **IV Sinfonie da Carlo Ditters a 2 Viol., Vla., Basso, 2 Fl. o Clarin., 2 Ob., 2 Corni. Opera VII. Parigi.**   Br. Suppl. 1773.

I.

II.

III.

IV.

Krebs, Dittersdorfiana.

45. **III Sinfonie da Carlo Ditters a 2 Viol., Vla., Basso, 2 Ob., 2 Corni. Opera VIII. Parigi.**

I. Siehe No. 6 (1766). Br. Suppl. 1773

II. Siehe No. 11 (1767).

III.

46. Sinfonia a 2 Viol., Vla., Basso, 2 Ob., 2 Corni.

 Br. Suppl. 1774.

47. Sinfonia a 2 Viol., Vla., 2 Ob., 2 Corni.

 Br. Suppl. 1774.

48. Sinfonia a 2 Viol., Viola, Basso, 2 Oboi, 2 Corni.

 Br. Suppl. 1775.
Kgl. H.-B. Berlin.
No. 1001. St.

49. Sinfonia a 2 Viol., Vla., Basso, 2 Oboi, 2 Corni.

 Br. Suppl. 1775. (Vielleicht iden-
tisch mit No. 47.)

50. Sinfonia a 2 Viol., Vla., Basso, 2 Oboi, 2 Corni.

 Br. Suppl. 1775.

51. Sinfonia a 2 Viol., Vla., Basso, Flauto, Fag., 2 Oboi, 2 Corni.

 Br. Suppl. 1775.

52. *Sinfonia a 2 Viol., Vla., Basso, 2 Fl., 2 Ob., 2 Fag., 2 Corni.*

 Br. Suppl. 1775.

53. *Sinfonia a 2 Viol., Vla., Basso, 2 Ob., 2 Corni.*

 Br. Suppl. 1776/77.

54. *Sinfonia a 2 Viol., Vla., Basso, 2 Ob., 2 Corni.*

 Br. Suppl. 1776/77.

55. *Sinfonia a 2 Viol., Vla., Basso, 2 Ob., 2 Corni.*

 Br. Suppl. 1776/77.

56. *Sinfonia a 2 Viol., Vla., Basso, 2 Ob., 2 Corni.*

 Br. Suppl. 1776/77.
Kgl. H. - B. Berlin.
No. 991. St.

57. *Sinfonia a 2 Viol., Vla., Basso, 2 Ob., 2 Corni.*

 Br. Suppl. 1776/77.

58. *Sinfonia a 2 Viol., Vla., Basso, 2 Ob., 2 Corni.*

 Br. Suppl. 1676/77.

59. *Sinfonia a 2 Viol., Vla., Basso, 2 Ob., 2 Corni.*

Br. Suppl. 1776/77.

60. *Sinfonia a 2 Viol., Vla., Basso, 2 Ob., 2 Corni.*

Br. Suppl.
1776/77.

61. *Sinfonia a 2 Viol., Vla., Basso, 2 Ob., 2 Corni.*

Br. Suppl. 1778.
Kgl. H.-B. Berlin No.
1049. St.
Im Exempl. d. Kgl.
H.-B. sind noch

hinzugefügt Violonc., 2 Trombe, Timpani.

62. *Sinfonia a 2 Viol., Vla., Basso, 2 Ob., 2 Corni.*

Br. Suppl. 1778.
Schwerin. St.
Kgl. Bibl. Dresden. St.
Kgl. H.-B. Berlin No. 1057. St.

63. *Sinfonia a 2 Viol., Vla.,* *Flauto* } *obl., Violonc.,*

Violonc.
Fag.

Basso e Contrab., 2 Ob., 2 Corni, 2 Trombe, Timp.

Ob.

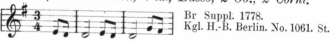

Kgl. H.-B. Berlin. No.
1051. St.

Wahrscheinlich identisch mit einer in Br. Suppl. 1778 angezeigten Sinfonie in D, bei der nur Contrab. fehlt, ebenso die Be-
zeichnung obligato.

64. *Sinfonia a 2 Viol., Vla., Basso, 2 Ob., 2 Corni.*

Br Suppl. 1778.
Kgl. H.-B. Berlin. No. 1061. St.

65. *Sinfonia a 2 Viol., 2 Vle., Violonc., Basso, Contrab.,*
2 Ob., 2 Corni.

Br. Suppl. 1778.
Kgl. H.-B. Berlin. No.
1055. St.

66. *Sinfonia a 2 Viol., 2 Vla., Basso, 2 Ob., Flauto,*
Fagotto o Violonc., 2 Clarini, 2 Corni.

Br. Suppl. 1778.
Kgl. H.-B. Berlin. No.
1047. St.

Im Exempl. d. Kgl. H.-B. sind Fl., Fag. u. Violonc. als obligat
bezeichnet.

67. *Sinfonia a 2 Viol., Vla., Violonc. oblig., Basso, 2 Ob.,*
2 Corni.

Br. Suppl. 1779/80.

68. *Sinfonia a 2 Viol., Vla., Violonc., Basso, 2 Ob., 2 Corni.*

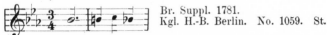

Br. Suppl. 1779/80.
Kgl. B. Dresden. St.

69. *Sinfonia a 2 Viol., Vla., Basso, 2 Ob., 2 Corni.*

Br. Suppl. 1781.
Kgl. H.-B. Berlin. No. 1059. St.

70. *Sinfonia a 2 Viol., Vla., Basso, 2 Ob., 2 Corni.*

Br. Suppl. 1781.
Kgl. Bibl. Dresden. St.
Kgl. H.-B. Berlin. No.
1063. St.

Auf der Hornstimme des Exemplars der Kgl. H.-B. steht: Ganz
alte Sinfonie in *F*, mit einer Fuge.

71. *Sinfonia a 2 Viol., Vla., Basso, 2 Ob., 2 Corni.*

Br. Suppl. 1781.

72. *Sinfonia a 2 Viol., Vla., Violonc., Basso, 2 Ob., 2 Corni.*

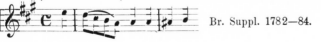

Br. Suppl. 1782—84.

12 Sinfonien nach Ovid's Metamorphosen.

Trois Simphonies exprimant Trois Métamorphoses d'Ovide mises en musique P. Mr. Ditters de Dittersdorf. Analysées par Mr. J. T. Hermès. Prev. &c. [1786.]

73. **I. Simphonie** *Les quatre Ages du monde à 2 Viol., Viole, Basse, 1 flûte traversière, 2 hautb., 2 fagots, 2 Cors, 2 Clari. et Tim.*

74. **II. Simphonie** *La Chûte de Phaèton. Mêmes instruments.*

75. **III. Simphonie** *Actéon changé en Çerf à 2 Viol., Viole, Violoncel, Basse, 1 flûte traver., 2 hautb., 2 Cors. Dediées A Sa Majesté Guillaume II Roi de Prusse. A Vienne chez Artaria Comp.*

Bei einem andern Exemplar der I. Simphonie fehlt die Firma Artaria auf dem sonst ganz gleich ausgestatteten Titel der 1. Violinstimme. Dafür steht hinter der Dedication: Par son très humble, très obéissant et très soumis serviteur L'éditeur J. Torricella. [Der Name handschriftlich.] Auf der Rückseite des ersten Blattes: Sire. La protection dont Votre Majesté a toujours honoré les arts, la faveur qu'Elle a toujours accordé à l'auteur de cet ouvrage, la clemence qui caracterise le Monarque puissant de Prusse semblent excuser la hardiesse qu'a l'éditeur de vous offrir, Sire, les présentes feuilles. A l'ombre d'un nom aussi auguste, a l'ombre d'un Roi a qui Euterpe a devoilé tous ses mystères, j'ose être assuré du suffrage des Nations. Je suis avec le respect le plus profond Sire de votre Majesté Le très obéissant et très soumis serviteur L'Editeur Jean Torricella [Name wieder handschriftlich.]

Kgl. Bibl. Berl. St. u. Kgl. H.-B. Berlin. St.

Clavierauszüge zu 2 Händen sind von allen drei Sinfonien bei Hofmeister in Wien erschienen (No. 169. 172. 175). Ferner wurden sie für eine Singstimme mit Clavierbegleitung und untergelegtem deutschen Text arrangirt.

Br. Catal. 1792.

76. **IV**. *Andromède sauvée par Persée. 2 Viol., 2 Vle., Violonc., Basso, 2 Ob., 2 Corni.*

Kgl. Bibl. Dresden. St.

77. **V**. *Phinée avec ses amis changés en rochers. 2 Viol., 2 Vle., Violonc., Basso, Flauto, 2 Oboi, 2 Fagotti, 2 Corni, 2 Clarini, Timpani.*

Kgl. Bibl. Dresden. St.

78. **VI**. *Les paysans changés en grenouilles. 2 Viol., 2 Vle., Violonc., Basso, 2 Flauti, 2 Corni, 2 Fagotti.*

Kgl. Bibl. Dresden, sämmtlich in Stimmen.

Diese 6 Sinfonien sind im Neudruck veröffentlicht in der S. 33 citirten Jubiläumsausgabe,

79. **VII**. *Jason qui enlève la toison d'or.*

80. **VIII**. *Le Siège de Mégare.*

81. **IX**. *Hercule changé en Dieu.*

82. **X**. *Orphée et Euridice.*

83. **XI**. *Midas élu pour Juge entre Pan et Appollon.*

84. **XII**. *Ajax et Ulisse qui se disputent les armes d'Achille.*

Von den letzten sechs Sinfonien haben sich Partituren oder Orchesterstimmen bis jetzt nicht auffinden lassen. Dagegen sind im Jahre 1890 bei Leo Liepmannssohn in Berlin Clavierauszüge zu vier Händen von der siebenten, neunten und zwölften versteigert worden.

Der Componist hatte jeder eine ausführliche Analyse in deutscher und französischer Sprache vorangestellt, deren Abdruck von doppeltem Interesse sein wird. Einmal, weil wir in ihnen authentische Documente über die Absichten haben, die Dittersdorf mit der Schöpfung dieser Tonstücke verfolgte; dann, weil diese Analysen recht wesentlich von den weiter unten erwähnten des Probites Hermes abweichen.

Jason qui emporte la Toison d'or. Metamorphose d'Ovide liv. VII, Fab. I. Sonate pour le Forte Piano à quatres (!) mains par Charles de Dittersdorf.

Innhalt. (Ich gebe nur die deutsche Fassung.) Die Argonauten mit Jason, ihren Befehlshaber, landeten an den Ufer des Phases. Sobald sie das Land betratten, giengen sie im vollen Staat zum König, der sie auf das prächtigste empfieng; sie baten, ihnen das goldene Fell, welches Phryxus in Colchis gelassen hatte, zu überliefern. (1.) Der König, in der Absicht, dass sie von ihrem Vorhaben abstehen würden, stellte ihnen die Beschwerlichkeit, und auch die Gefahr vor, der sie sich dabei aussetzen würden.

Während diesem verliebte sich Medea, des Königs Tochter, in Jason. (2.) Nach vielem Nachdenken sagte sie endlich zu sich selbst: Was ich hier verlasse ist minder wichtig, als was mir dort bevorsteht. (3.) Kurz, sie gab dem Jason bezaubernde Kräuter, mittelst welchen er die Stiere zahm machte —, den Drachen, der das goldene Fell bewachte, einschläferte, und sodann tödtete. Stolz über diese Beute, noch stolzer aber über den Besitz seiner geliebten Medea, gieng Jason mit ihr an Bord, kam glücklich in Jolkis an, und wurde daselbst im Triumph empfangen.

(1.) Dunque adeunt regem, Phryxeaque vellera poscunt.

ibid. v. 7.

Durch das prachtvolle Largo und darauf folgende Allegro will der Componist sowohl den glänzenden Einzug der Argonauten, als die schimmernde Aufnahme, mit der sie der König beehrte, bezeichnen. Bey dem Unisono in diesem Allegro will er die Beschwerlichkeit und die Gefahr, die ihnen der König aufklärt, sowie auch dessen Widerwillen, den er zwar zu verbergen trachtet, vorstellen. Das bald darauf folgende — tändelnde — piano soll den ersten Eindruck, den des Jason herrliche Gestalt auf Medeen gemacht hatte, darstellen; der Schluss des Allegro aber die Entschlossenheit, alle Gefahren zu überwinden, schildern.

(2.) Concipit interea validos Aeetias ignes.

ibid. v. 9.

Dieses Andantino soll die Zärtlichkeit der Medea und fernerhin das wechselseitige Einverständniss beyder Liebenden ausdrücken.

(3.) ... non magna relinquam, Magna sequar.

ibid. v. 55—56.

Bey diesem Tempo di Minuetto will der Komponist das Selbstgespräch, welches Vater Ovid die Medea halten lässt, andeuten; wobey sie unter andern auch sagt: Das glänzende, welches ich hier zurücklasse, ist eine Kleinigkeit gegen der Herrlichkeit, die mich dort in Jason's Armen erwartet; so wie er bey dem Alternativo das wonnevolle Ideal der Medea: dass nemlich in Zukunft lauter Liebesgötter auf ihren Fittigen um sie herum flattern werden, zu mahlen sucht.

(4.) ... tetigit cum conjuge portus. ibid. v. 158.

Ciaconna. Diese Gattung der Musik ist gewöhnlich der Schluss eines prachtvollen und im Triumph
endigenden heroischen Ballets. Nicht unschicklich schien
es dem Komponisten so ein Tonstück zu wählen, um
dadurch den Triumph vorzustellen, mit welchem die Inn-
wohner von Jolkis den grossen Helden, und Eroberer
vom goldenen Fell beehrten.

*Hercule en Dieu. Metamorphose d'Ovide liv. IX,
Fab. III. Sonate pour le Forte Piano à quatres (!)
mains par Charles de Dittersdorf.*

Inhaltsangabe. Als die rühmlichsten Thaten des
Hercules der ganzen Welt bekannt wurden (1.), ver-
mehrte sich Junonens Hass gegen ihn. Man hinter-
brachte Dejaniren, der Gemahlin des Hercules, dass ihr
Gatte die Jole liebte. Diese Nachricht durchdrang
Dejaniren's Herz, und füllte es mit Schmerz und Eifersucht. (2.) Nach vielen Ueberlegungen beschloss sie,
ihrem Gatten ein Unterkleid, das sie vom Nessus erhielt, zu schenken (3.), ohne zu ahnden, dass dieses unglückliche Geschenk ihren Mann in einen so erbärm-
lichen Zustand stürzen würde. Hier ist nöthig zu wissen,
dass Nessus vor seinem Tode, den ihm Hercules gab,
um sich an demselben zu rächen, dieses Kleid, das in
das stärkste Gift der lernaeischen Hydra getaucht war,
der Dejanira schenkte mit der Versicherung: dass es ein
untrügliches Mittel sey, ihren Gatten treu und beständig
zu erhalten.

Hercules zog es an. (3.) Nach und nach verbreitete
sich das Gift in seinem Körper. Er wurde rasend, baute
einen Scheiterhaufen, zündete ihn an und verbrannte

sich selbst. Jupiter nahm ihn unter die Zahl der Götter auf und versetzte ihn unter das schimmernde Gestirn.

(1.) ... actaque magni
       Herculis implerant terras.   ibid. v. 134—135.

Das erste Allegro vivace bezeichnet im ersten Theil den Ruhm, der über die Thaten des Hercules in der Welt erscholl, im zweyten aber jene alle menschlichen Kräfte übersteigenden Arbeiten, die er zu Stande gebracht.

(2.) ... flendoque dolorem
       Diffudit miseranda suum.   ibid. v. 142—143.

In diesem Adagio sucht der Komponist die tiefe Schwermuth Dejaniren's über die ihr zu Ohren gekommene Untreue ihres Gatten auszudrücken.

(3.) Incursus animus varios habet ...   ibid. v. 152.

Sowohl im Tempo di Minuetto, als im Alternativo will er die verschiedenen — fast bis zum Wahnsinn gränzenden — Gemüthsbewegungen auf eine abstrakte [Art] bezeichnen, um mit dem vorhergehenden und nachfolgenden Stück einen Kontrast aufzustellen.

(4.) Induitusque umeris Lernaeae virus echidnae.
                        ibid. v. 158.
   ... radiantibus intulit astris.   ibid. v. 272.

Ein fugenartiges Stück, durch welches der Komponist bezeichnen will, wie das Gift sich nach und nach in die Theile des Körpers verbreitet. Durch das folgende Adagio schildert er einen heitern Sommerabend, und am Schluss derselben das schimmernde Funkeln eines hellleuchtenden Gestirns.

Ajax et Ulysse. Metamorphose d'Ovide liv. XIII,
Fab. I. Sonate pour le Forte Piano à quatres (!) mains
par Charles de Dittersdorf.

Inhalt. Nach dem Tod des Achilles warfen sich
Ajax und Ulysses als Erben der zurückgelassenen Waffen
auf. Die Anführer der griechischen Armee waren Schieds-
richter. Ajax trat vor, hielt eine nach allen Regeln der
Redekunst verfasste Rede, aus welcher viel Schulgelehr-
samkeit, oder besser gesagt Pedanterie hervorleuchtete. (1.)
Nach Endigung dieser Rede zweifelte man nicht an dem
Sieg. Hierauf erhob sich Ulysses, und nachdem er seine
Richter mit einem gelassenen Anstand und zuversicht-
lichem Blick angesehen hatte, fieng derselbe mit soviel
Anmuth, sanften Vortrag und hinreissender Beredsam-
keit zu sprechen an, dass es unmöglich war, seinen über-
zeugenden Beweisen zu wiederstehen. (2.) Die Richter
erkannten ihm die Waffen des grossen Achilles zu. (3.)
Ajax, voll der Verzweiflung über den Sieg des Ulysses(4.),
ergrief er das Schwerd des Achilles, und indem er mit
heller Stimme schrie: „Zum wenigsten soll Ajax von
Niemand als sich selbst überwunden werden", stiess er
sich dasselbe in die Brust. (5.) An der Stelle, wo
Ajaxen's Blut die Erde färbte (6.), wuchsen purpur-
farbige Blumen (7.).

(1.) ... agimus „pro Jupiter" inquit
        „Ante rates causam, et mecum confertur Ulixes.
                                        ibid. v. 5—6.
Durch das in einer Art von Contrapunkt verfasste
Allegro moderato will der Komponist einen Redner vorstellen, der zwar eine tiefe Kenntniss der Redekunst
beweist, doch aber mit seiner Schulwissenschaft pedan-
tisch strotzt.

(2.) ... meaque haec facundia ...

    Invidia careat.   ibid. v. 137—139,

Dies Recitativ und Arioso soll einen Redner zeichnen, der, ohne die Regel der Kunst zu überschreiten, durch sanften Vortrag die Zuhörer an sich fesselt.

(3.) ... fortisque viri tulit arma disertus. ibid. v. 383.

Tempo di Minuetto schildert Odysseus' Sieg, das Alternativo Ajaxen's Unzufriedenheit darüber.

(4.)	Invictumque virum vincit dolor.	ibid. v. 386.
(5.)	... letalem condidit ensem.	ibid. v. 392.
(6.)	... rubefactaque sanguine tellus.	ibid. v. 394.
(7.)	... genuit de caespite florem.	ibid. v. 395.

Unentschlossenheit, Schmerz, Ehrgeiz, Scham und Wuth wechseln in diesem Allegro molto ab. Nach beyden Repetitionen wird die Wuth gezeichnet, mit welcher Ajax sich das Schwert des Achilles in die Brust stösst. Das Blut strömt aus der Wunde, hört aber wieder auf.

Da aber der Komponist neuerdings eingestehen muss, dass er weder Farbe noch Geruch der Blumen durch Töne zu malen fähig ist, so ersucht er den Zuhörer, ob er sich nicht mit geschlossenen Augen beim Vortrag des letzten Adagio non molto ein ganzes Beth der herrlichsten Blumen, vor dem er bald nach Sonnenuntergang sitzt, und sowohl Auge als Geruchswerkzeuge sättigt, zu idealisiren belieben will.

Die Titel der achten, zehnten und elften Sinfonie, die vorläufig nicht aufzufinden sind, habe ich der oben erwähnten Analyse von J. T. Hermes entnommen. Georg Thouret hat diese sogenannte Analyse, die sich damit begnügt, ganz allgemeine Empfindungseindrücke wiederzugeben, übersetzt und drucken lassen. (Berlin 1899, bei Arthur Parrhysius.) Trotzdem erschien es mir gut, auch das französische Original der Vergessenheit zu entziehen. Das einzige Exemplar, dessen ich habe habhaft werden können, befindet sich auf der Königl. Haus-Bibliothek in Berlin.

Ueber die Hermes'sche Analyse äussert sich der „Musikalische Almanach für Deutschland" (Leipzig 1789) S. 119 folgendermassen: „Der Herr Probst Hermes hat schon 1786 drucken lassen: Analyse des XII Metamorphoses tirées d'Ovide et mises en musique par Mr. Charles Ditters de Dittersdorf. 8⁰. Die Sinfonien sollten in Wien bei Toricella herauskommen. Soviel wir aber wissen, sind sie noch nicht erschienen. Herr Probst H. bemerkt in seiner Analyse, dass, wenn man nicht die Ideen berichtige, die man sich von diesen Metamorphosen mache, der Tonsetzer Gefahr laufe, mit jenen Fabrikanten von charakteristischen Stücken vermengt zu werden, welche wegen der Kindereyen, die sie für Nachahmung der Natur ausgeben, allgemeine Verachtung verdienen. Wir wissen nicht, ob Herr Probst H. hierin Recht hat oder Unrecht, weil wir von oben besagten Sinfonien nichts gesehen haben, und die Beschreibungen von einer solchen Art sind, dass sie, wie alle solche Dilettantenbeschreibungen, ihrer Unbestimmtheit und Allgemeinheit wegen in mehrerley Sinn genommen werden können. Auch hat der Herr Probst H. schon Proben gegeben, seitdem er sich zum Beschützer einiger Künstler aufgeworfen hat, dass er auch schlechte Musik empfehlenswürdig finden kann."

Prinzipielles über Dittersdorf's Metamorphosen-Sinfonien und Programmmusik findet sich in der Allgemeinen Musik-Zeitung (Leipzig) Bd. III S. 748 ff.

85. *Sinfonia a 2 Viol., 2 Vle., Violonc., Basso & Contra-basso, 2 Fl., 2 Ob., 2 Fag., 2 Corni, 2 Clarini, Timp. 1788.*

Andantino.

Kgl. H.-B. Berlin No. 1007. Part. u. St.

86. *Sinfonia a 2 Viol., 2 Viole, Basso & Contrab., 2 Ob., 2 Corni. 1788.*

Kgl. H.-B. Berlin. No. 1004. Part. u. St.

87. *Sinfonia concertante.* 2 Corni | 2 Ob. } *concertanti, 2 Viol. I,* Fagotto | *2 Viol. II, Vla., Violonc., Basso & Contrab. [1788?]*

Kgl. H.-B. Berlin. No. 1002. St.

88. *Sinfonia, a 2 Viol., Vla., Basso, 2 Ob., 2 Fag., 2 Corni. 1789.*

Kgl. H. - B. Berlin. No. 1027. Part. u. St.

89. *Sinfonia a 2 Viol., 2 Vle., Basso, 2 Ob., 2 Flauti, 2 Fag., 2 Corni, 2 Clarini, Timp. 1789.*

Kgl. H. - B. Berlin. No. 1030. Part. u. St. Kgl. B. Dresden. St.

90. *Sinfonia a 2 Viol., Vla., Basso, 2 Flauti, 2 Ob., 2 Fag., 2 Corni, 2 Clarini, 2 Timp. 1789.*

Kgl. H.-B. Berlin. No. 1021. Part. u. St.

91. *Sinfonia a 2 Viol., 2 Vle., Violonc., Basso, 2 Ob., 2 Fag., 2 Corni. 1789.*

Kgl. H.-B. Berlin. No. 1024. Part. u. St. Kgl. B. Dresden. St.

92. *Sinfonia a 2 Viol., 2 Vle., Basso, 2 Flauti, 2 Ob., 2 Fag., 2 Corni. 1793.*

Kgl. B. Dresden. St.

93. *Sinfonia a 2 Viol. I, 2 Viol. II, 2 Vle., Violonc., Basso e Contrab., 2 Ob., 2 Fag., 2 Corni, 2 Trombe, Timp.*

Kgl. H.-B. Berlin. No. 1019. St. Kgl. B. Dresden. St.

94. *Sinfonia. Carneval ou la Redoute à 2 Viol., 2 Vle., Basso e Contrab., 2 Flauti, 2 Ob., 2 Fag., 2 Corni, 2 Trombe, 2 Timpani.*

Menuetto

Kgl. H.-B. Berlin. No. 1053. St.

7 Sätze. 1) Menuetto mit 3 Trios, 2) Contraddanza Anglese mit 3 Trios, 3) Concerto, 4) Ballo Strassburghese mit 2 Trios, 5) Polonaise mit 2 Trios, 6) Ballo Tedesco, 7) Kehraus. Im Kehraus wird zuerst das Thema

fröhlich durchgeführt. Allmählich verstummen die Violinen (alcuni Violini a dormire) bis nur noch eine spielt. Das

Tempo wird langsamer ($^3/_4$ statt $^3/_8$, dann Andante, dann Adagio), und am Ende schläft auch die letzte Violine ein:

pp

95. *Sinfonia a 2 Viol., 2 Vle., Violonc. oblig., Basso, 2 Ob., 2 Fag., 3 Corni.*

Kgl. H.-B. Berlin.
No. 1068. St.

96. *Sinfonia a 2 Viol., Vla., Basso, 2 Ob., 2 Corni, Tympani in Es.*

Kgl. B. Berlin. St.
Kgl. B. Dresden. St.

97. *Sinfonia a 2 Viol., Vla., Violonc. con Basso, 2 Ob., Flauto, Corno.*

Kgl. H.-B. Berlin.
No. 1018. St.

98. *Sinfonia a 2 Viol., Vla., Basso, 2 Ob., 2 Corni.*

Kgl. H.-B. Berlin.
No. 994. St.

99. *Sinfonia a 2 Viol., 2 Vle., Violonc., Basso, Contrab., 2 Ob. obl., 2 Fag. obl., 2 Corni.*

Kgl. H.-B.
Berlin.
No. 1037.
St.

Krebs, Dittersdorfiana.

100. *Sinfonia a 2 Viol., Vla., Basso, 2 Ob., 2 Corni.*

Kgl. H.-B. Berlin.
No. 990. St.

101. *Sinfonia a 2 Viol., 2 Vle., Violonc., Basso e Contrab., Fl. obl., 2 Ob., 2 Corni.*

Kgl. H. - B.
Berlin.
No. 1039. St.

102. *Sinfonia a 2 Viol., Vla., Basso, 2 Ob., 2 Corni.*

Kgl. H.-B. Berlin. No. 999.
St.

103. *Sinfonia a 2 Viol., Vla., Violonc., Basso & Contrab., 2 Ob., 2 Corni.*

Kgl. H.-B. Berlin. No. 1033.
St.

104. *Sinfonia a 2 Viol., Vla., Basso, 2 Ob., 2 Corni.*

Kgl. B. Berlin. Part.

105. *Sinfonia a 2 Viol., Vla., Basso, 2 Ob., 2 Corni.*

Kgl. B. Berlin. Part.

106. *Sinfonia a 2 Viol., Viola, Violonc., Basso e Contrab.,*
Flauto ⎱
2 Ob. ⎰ *oblig., 2 Corni, 2 Trombe, Timp.*

Kgl. H.-B. Berlin. No. 1045.
St.

107. *Sinfonia a 2 Viol., Vla., Violonc., Basso e Contrab.,*
Oboe obl., 2 Ob., 2 Corni, 2 Trombe, Timp.

Adagio ma non molto.

Kgl. H.- B. Berlin. No. 1043.
St.

108. *Sinfonia a Violino I oblig., 2 Viol., Vla., Basso d·*
Contrab., 2 Ob., 2 Corni.

Kgl. H.-B. Berlin.
No. 1013. Part.

109. *Sinfonia a Viol. I u. II, Violonc. obligato, 2 Viol.*
rip., Vla., Basso, Contrab., 2 Ob., 2 Corni.

Kgl. H.-B. Berlin.
No. 996. St.

110. *Sinfonia a 2 Viol., Vla., Violonc., Basso e Contrab.,*
2 Ob., 2 Corni.

Kgl. H.-B. St.

Vgl. dazu die inter-
essante Bemerkung
in G. Thouret's Ka-
talog der Musik-
sammlung auf der Kgl. H.-B. zu Berlin. Leipzig 1895. No. 1035.

111. *Sinfonia a 2 Viol., 2 Vle., Violonc., Basso e Contrab.,*
  2 Ob., Fag. obl., 2 Corni.

Kgl. H.-B. Ber-
lin. No. 1041.
St.

112. *Sinfonia a 2 Viol., 2 Oboi, 2 Corni, Violae Basso.*

G. d. Mfr. St.   Kgl. H.-B. Berlin. No. 993.   St.

(Vgl. No. 44, die anders instrumentirt, sonst aber vielleicht mit
No. 112 identisch ist.)

113. *Sinfonia a 2 Viol., 2 Oboi, 2 Corni, Viola e Basso.*

G. d. Mfr. St.

114. *Sinfonia a 2 Viol., Viola e Violoncello.*

G. d. Mfr. St.

115. **The Periodical Overture In eight Parts Composed**
  by Sgr. Carlo Ditters. No. 61. London, Printed
  and Sold by Preston & Son . . . *(2 Viol., Vla., Basso,*
  2 Flauti, 2 Ob.)

Brit. Mus. St.

116. *Sinfonia a 2 Viol., 2 Vle., Basso, 2 Clar. obl., 2 Corni.*

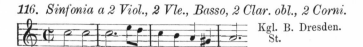

Kgl. B. Dresden.
St.

117. Sinfonia a 2 Viol., Viola, Violonc., Basso, 2 Ob.,
2 Corni.

 Kgl. B. Dresden. St.

118. Sinfonia a 2 Viol., 2 Vle., Basso, 2 Flauti, 2 Ob.,
2 Fag., 2 Corni, 2 Clarini, Timp.

 Kgl. H.-B. Berlin. No. 1010.
Part. u. St.
Kgl. B. Dresden. St.

119. Sinfonia a 2 Viol., 2 Vle., Basso, 2 Ob., 2 Corni.

 Kgl. H.-B. Berlin. No. 1015.
Part. u. St.
Kgl. B. Dresden. St.

120. Sinfonia a 2 Viol., 2 Vle., Basso, Flauto, 2 Ob.,
2 Fag., 2 Corni.

 Kgl. B. Dresden. St.

121. Sinfonia a 2 Viol., Vla., Basso, 2 Ob., Fag. oblig.,
2 Corni.

Kgl. B. Dresden. St.

122. Sinfonia a 2 Viol., Vla., Basso, 2 Ob., 2 Corni.

 Kgl. B. Dresden. St.

123. Sinfonia a 2 Viol., Vla., Basso, 2 Ob., 2 Corni.

Kgl. B. Dresden. St.

124. Sinfonia a 2 Viol., Vla., Basso, 2 Ob., 2 Corni.

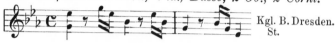

Kgl. B. Dresden.
St.

*125. Sinfonia a 2 Viol., 2 Vle, Violonc., Basso, Flauto,
2 Ob., 2 Fag., 2 Corni, 2 Clarini, Timp.*

Kgl. B. Dresden. St.

*126. Sinfonia a 2 Viol., 2 Vle., Basso, Flauto solo, 2 Ob.,
2 Fag., 2 Corni.*

Kgl. B. Dres-
den. St.

*127. Sinfonia a Contrabasso e Viola concertanti. 2 Viol.,
Vla. e Basso, 2 Ob., 2 Corni.*

Schwerin. St.

Unter den im Intelligenzblatt der Allgem. Mus.-Ztg. von 1798
No. V ausgebotenen Musikalien befanden sich auch „sechs grosse,
vollstimmige Sinfonien". Was aus ihnen geworden ist, habe ich
nicht ermitteln können. Da sie aber vielleicht unter den vorstehend
aufgeführten enthalten sind — aus Oels kamen viele Dittersdorf'sche
Compositionen an die Kgl. Bibliothek in Dresden —, so zähle ich
sie vorsichtshalber nicht mit.

II. Serenaden, Divertimenti, Tänze etc. für Orchester.

128. *Serenata a Viol., 2 Viol., 2 Viole, Basso, 2 Corni.*

Br. Suppl. 1774.
Kgl. B. Dresden.
Kgl. H.-B. Berlin.
No. 1071. St.

129. *Serenata a 2 Viol., 2 Vle., Violonc., 2 Corni. 1767.*

Kgl. H.-B. Berlin. No. 1070. St.
(Corno I fehlt.)

130. *Serenata in D. a Violino solo, 2 Vle., 2 Corni e Basso.*

Die Solovioline ist in *Es*
notirt, die übrigen
Stimmen in *D.*
Kgl. Bibl. Berlin. St.

131. *Divertimento a Tre Stromenti, Violino, Viola, Violoncello.*

Andante

Kgl. H.-B. Berlin. No. 1076. St.

132. Divertimento a 2 Corni, Violino solo, Oboe solo, 2 Viole e Basso.

Br. Suppl. 1769.

Wird in Br. Katal. 1770
als in Paris gestochen
angeführt.

G. d. Mfr. St.

133. *Il combattimento dell' umane passioni. Divertimento a 2 Viol., Viola, Violonc., Basso, 2 Ob., 2 Clarini o corni.*

Il Superbo Andante

Neudruck in der S. 33 citirten Jubiläumsausgabe.

L'Umile. Andante.

Il Matto. Menuett mit Alternativo : Il Dolce.

Il Contento. Andante.

Il Costante. Menuetto.

Il Malinconico. Adagio.

Il Vivace. Allegro assai.

134. Cassatio a 2 Corni, Violino, Viola e Basso.

Br. Suppl. 1769.
G. d. Mfr. St.

Wird in Br. Katal. 1770 als in Paris gestochen angeführt.

135. *Musique pour un petit Ballet en Forme d'une Contredanse. 2 Violini, Viole, Bassi, 2 Oboi, 2 Fagotti, 2 Flauti, 2 Corni, 2 Clarini, Timpani.*

(Angloise; Alternativo I, II, III, IV u. V; und Coda.)

Angloise

Kgl. B. Dresden. St.

Neudruck in der S. 33 citirten Jubiläumsausgabe.

136. *Parthia a 2 Oboi, 2 Corni, Fagotto. (4 Sätze.)*

Marche.　　　　　　　　　Kgl. B. Dresden. St.

137. „*Etliche Pas de deux für die Turchi und den Paga-
nino*".　　　　　　　(Selbstbiographie S. 131.)

138. *12 Menuetts und 12 deutsche Tänze für den Redouten-
saal. 1794.*　　　　　(Thayer, Beethoven I, 297.)

Gerber im „Lexikon der Tonkünstler", Leipzig 1812,
S. 965, führt noch an:

139. *Concertino a 2 Ob., Fag., 2 Corni, 2 Vl., 2 Vle.
e Basso.*　　　　In *F*. Mscrpt. bei Traeg in Wien.

140—152. *XII Divertimenti a 2 Vl. e Vlcello.*
　　　　　　　Mscrpt. bei Traeg in Wien.

III. Concerte.

153. *Grosses Concert für 11 Instrumente*, das in der
Selbstbiographie (S. 144) folgendermaassen be-
schrieben wird:

„Ich komponirte also in der Stille ein grosses Kon-
zert für eilf Instrumente, wobey sich im ersten Allegro
jeder Konzertist mit einem ganzen Solo erst einzeln
hören liess; dann traten 3, 5, 7, und zuletzt 9 Stimmen
nach und nach ein. Im letzten Solo aber kamen alle

eilf zusammen, die beym Ende desselben in eine Kadenz
fielen, die sich ebenso stuffenweis verstärkte. Im Adagio
trug die Violinkonzertstimme einen schmelzenden Gesang
vor, bey welchem die andern zehn konzertirenden Instrumente bald zu 4, bald zu 6, bald zu 10, theils mit verschiedenen Minauderien, theils mit reichen harmonieusen
Aushaltungen einstimmten, wozu die Ripienstimmen mit
einem durchgängigen Pizzikato akkompagnirten. Dieses
Adagio schien am Ende in einer lugubren Melodie mit
einer reichhaltigen Harmonie einzuschlummern; wurde
aber von einem feurigen und brillanten Tempo di Minuetto
plötzlich aufgeweckt, das von zwölf Alternativen (die
man heut zu Tage sehr missbräuchlich Trio nennt) aus
allen homogenen Tonarten abgewechselt wurde; das
zwölfte Alternativ aber wurde von allen eilf Konzert-
stimmen produzirt, das ebenfalls mit einer Kadenz, und,
nach einem ziemlich abwechselnden Capriccio, mit einem
neunfachen Sexttriller schloss“. Dezember 1766.

154. *Concerto per Violino conc. 2 Corni, 2 Oboi, 2 Viol.,*
   Vla., Basso.

B. Suppl. 1766.

155. *Concerto per Violino princ., 2 Viol. rip., 2 Oboi,*
   2 Corni, Vla., Basso.

Br. Suppl. 1766.

156. *Concerto per Violino conc., 2 Viol., Vla., Basso.*

Br. Suppl. 1766.

157. *Concerto per Violino princ., 2 Corni, 2 Oboi, 2 Viol., Vla., Basso.*

 Br. Suppl. 1766.

158. *Concerto per Violino conc., 2 Viol., Vla., Basso.*

 Br. Suppl. 1766.
G. d. Mfr. St.

159. *Concerto per Violino princ., 2 Viol. obl., 2 Viol. rip., 2 Corni, Vla., Basso obl., B. rip.*

 Br. Suppl. 1766.

160. *Concerto a Violino conc., 2 Viol., Vla. e Basso.*

 Br. Suppl. 1767.
G. d. Mfr. St.

161. *Concerto a Violino conc., 2 Viol., Vla. e Basso.*

 Br. Suppl. 1767.

162. *Concerto a Violino concertato, 2 Viol., Vla., Basso, 2 Ob., 2 Corni.*

 Br. Suppl. 1771.

163. *Concerto a Violino concertato, 2 Viol., Vla. e Basso.*

Br. Suppl. 1771.

164. *Concerto a Violino concertato, 2 Viol., Vla. e Basso.*

Br. Suppl. 1771.

165. *Concerto a Violino concertato, 2 Viol., Vla., Basso, 2 Corni.*

Br. Suppl. 1771.

166. *Concerto a Violino concertato, 2 Viol., Vla. e Basso.*

Br. Suppl. 1774.

167. *Concerto a Violino concertato, 2 Viol., Vla., Basso, 2 Ob., 2 Corni.*

Br. Suppl. 1776/77.

168. *Concerto a Viola principale, 2 Viol., Vla. e Basso.*

Br. Suppl. 1776/77.

169. *Concerto a Viola principale, 2 Viol., Vla., Basso, 2 Corni.*

Br. Suppl. 1776/77.

170. Concerto a Viola principale, 2 Viol., Vla. e Basso.

 Br. Suppl. 1776/77.

171. Concerto a 9 per il Violone, 2 Viol., Vla., Basso,
2 Fl., 2 Corni. (Der Violone ist in D dur notirt.)

 Schwerin. St.

172. Concerto a 9 per il Contrabasso, 2 Viol., Vla., Basso,
2 Fl., 2 Corni.

 Schwerin. St.

173. Concerto a Cembalo concertato, 2 Viol. e Basso.

Br. Suppl. 1772.

174. Concerto a Cembalo concertato, 2 Viol., Basso, 2 Corni.

 Br. Suppl. 1773.

175. Concerto a Cembalo concertato, 2 Viol., Basso, 2 Corni.

 Br. Suppl.
1773.
Kgl. Bibl.
Dresden. St.

(Im Dresdener Exemplar sind noch 2 Flöten zugesetzt.)

176. *Concerto a Oboe concertato, 2 Viol., Vla., Basso, 2 Corni.*

Br. Suppl. 1775.

177. *Concerto a Oboe concertato, 2 Viol., Vla., Basso, 2 Corni.*

Br. Suppl. 1775.

178. Concerto a Oboe concertato, 2 Viol., Vla., Basso.

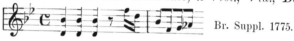

Br. Suppl. 1775.

IV. Quintette.

179—184. VI Quintetti a 2 Violini, Viola, Violoncello e Contrabasso, con Corni non obligati dedicati a sua Altezza Reale il Prence Ereditario di Prussia da Carlo de Dittersdorf. L'anno 1782.

Kgl. H.-B. Berlin. No. 1074. St.

185—190. *VI Quintetti a 2 Viol., Vla., 2 Violoncelli. 1789.*

Kgl. B. Dresden. St.
Kgl. H.-B. Berlin. No. 1072. Part.

V. Quartette.

191—196. **Sei Quartetti per due Violini, Viola e Violoncello composti dal Sigr. Carlo de Dittersdorf. In
Vienna, presso Artaria e Compagni.** (No. 221.) St.

No. I, II und V sind
im Neudruck bei A.
Payne in Leipzig
erschienen. (Kleine
Partitur - Ausgabe.
No. 106, 107 u. 105.)
Kgl. B. Berlin. St.
Kgl. H.-B. Berlin. St.
G. d. Mfr. St.

*197. Quartetto accompagnato. 1793. Viola, Basso, Fagotto 2,
Oboe 2, Corno 2 dell' Orchestra.*

Viol.　　　　　　　　　　Quartetto concertante fehlt.

Kgl. B. Dresden. St.

198. Quartetto in D dur accompagnato.

2 Violini
2 Viole
Basso

2 Violini ⎱ concer-
Viola ⎰ tanti
Violoncello

2 Oboi
2 Corni in D e G ⎱ dell' Orchestra.
2 Fagotti
Clarino principale
Flauto solo
Timpani

Kgl. B. Dresden.

p con sordini

199. Quartetto a 2 Viol, Vla., Violoncello.

Kgl. B. Dres-
den.

con sordino

VI. Trios.

200. Trio a due Violini con Basso.

Br. Suppl. 1767. Noch
einmal angezeigt in
Br. Suppl. 1769.

201. Trio a due Violini con Basso.

Br. Suppl. 1767.
Noch einmal an-
gezeigt in Br.
Suppl. 1769.

Krebs, Dittersdorfiana.

202—205. *Trii a due Violini con Basso.*

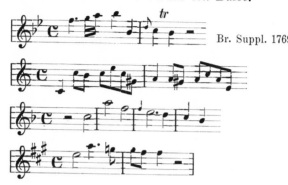

Br. Suppl. 1769.

206—211. *Trii a due Violini con Basso.*

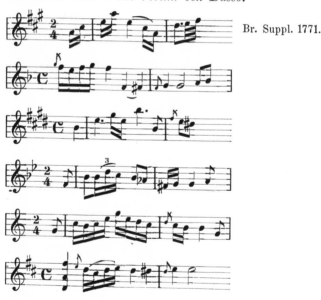

Br. Suppl. 1771.

212—217. **Trii per due Violini con Basso da C. Ditters.**
Opera V. Parigi.

Br. Suppl. 1773.

VII. Duos.

218. Duo a Viol. e Violonc. **Mscrpt. bei Traeg in Wien.**
(Gerber a. a. O.)

219. Duetto in Eb a Viola e Violone.

Schwerin. St.
G. d. Mfr.

IX. Für Violine mit Generalbass.

220—227. Soli per Violino con Basso.

Br. Suppl. 1769.

G. d. Mfr.

G. d. Mfr.

228—233. Soli per Violino con Basso.

Br. Suppl. 1771.

234. Sonata a Violino solo e Basso.

G. d. Mfr.

X. Für Clavier.

235. Admiral Lord Duncans Waltz. Composed by Sgr. Dittersdorf adapted as a Rondo for the Harp or Piano-Forte by P. Gardiner. London. Printed & Sold by Preston... London. Brit. Mus.

236. Minuetto.

(Hiller, Wöchentliche Nach-richten etc. 1769. S. 69.)

237. *Serenata per Cembalo.*

Br. Suppl. 1776/77.

238. *Sonata per il Forte piano di Carlo de Dittersdorf.*
1799. (Autograph am 9. März 1891 bei Leo Liepmannssohn in Berlin versteigert.) An der Seite steht
No. II in *A.*

239/40. **Zwei kleine Clavierstücke,** abgedruckt in „Sammlung kleiner Clavier- und Singstücke zum Besten der
neuen Friedrichstädtischen und Werdauischen Armen-
schulen. Von J. A. Hiller. Leipzig, in Commission
bey Bern. Christ. Breitkopf u. Sohn. 1774.“

Minuetto. S. 36.

Allegro. S. 106.

241. *20 englische Tänze* für das Fortepiano.

Br. Katal. 1801.

Ferner wurden in Allgem. Mus.-Ztg. a. a. O. ausgeboten:

242—253. Zwölf Sonaten für 4 Hände. 1769—97.

254—259. Sechs Sonaten für 4 Hände aus den letztern
noch nicht bekannten Sinfonien der Ovidischen
Metamorphosen eingerichtet. 1797—98.

260—271. Zwölf Sonaten für 2 Hände 1796—97, theils
aus Quartetten, theils aus Terzetten von der Composition des Verfassers.

*272—283. Zwölf verschiedene beliebte Lieder, Romanzen
und Opernarien* von verschiedenen Verfassern mit
Variationen.

284. Zwei und siebenzig Vorspiele aus allen harten und
weichen Tonarten, für Schüler, deren Talent noch
nicht zur Selbsterfindung reif ist.

Vokalmusik.

I. Opern und Singspiele.

285. Ein Stück mit kleinen Liedern, das Ditters aus jenen Burlesken „zusammenstoppelte“, die er ehemals in Schlosshof von der Truppe des Piloti gesehen hatte. Grosswardein 1767. (Selbstbiographie S. 147.)

286. Eine Oper, deren Text er sich aus den beiden „uralten Stücken ‚Frau Sybilla trinkt keinen Wein‘ und aus dem ‚Reich der Todten‘ “ zusammensetzte. Grosswardein 1767. (Selbstbiographie S. 147.)

287. Amore in Musica. Den Text hatte Ditters nach einem italienischen Libretto ins Deutsche übertragen. Grosswardein 1767 oder 1768. (Selbstbiographie S. 154.)

288. Il viaggiatore americano. Eine komische Oper. Johannisberg 1770. (Selbstbiographie S. 199.)

289. L'amore disprezzato. Operetta buffa a due voci, Soprano e Tenore de Sgr. Cav$^{\underline{re}}$. Carlo Ditters. 1771.
Interlocutori: Pancrazio, Isabella.
Kgl. H.-B. Berlin. Part. ohne Titel.
G. d. Mfr. Part.

Vielleicht ist diese Oper identisch mit der „Opera buffa Pancrazio“, die in Br. Suppl. 1779 angezeigt ist.

290. La contadina fedele. Johannisberg 1785 (Gerber, Neues historisch-biographisches Lexikon der Tonkünstler. Leipzig 1812. S. 904).

291. Lo sposo burlato. (Erwähnt: Selbstbiographie S. 214.)
In der „Gallerie der berühmtesten Tonkünstler des 18. und 19. Jahrhunderts“ von J. F. K. Arnold Erfurt 1816, heisst es über diese Oper: „Lo sposo burlato, die auf

mehreren Theatern unter dem Titel ‚Der gefoppte und betrogene Bräutigam‘ gegeben wurde, auch wohl bei kleinen herumziehenden Gesellschaften noch gegeben wird. Sie besteht nur aus vier Personen, zwei Damen, einem jungen Menschen, der den Liebhaber macht (Tenor) und dem Bassbuffo, dabei füllt sie doch den ganzen Abend und ist durchaus niedrig komisch. Der Text ist, so wie zu den mehrsten seiner Opern (!), von ihm selbst.“

292. *Der Apotheker und der Doctor.* Komische Oper in zwei Acten. Text nach dem Französischen des Grafen von N. . . L'Apothicaire de Murcie von Stephanie dem Jüngeren.

Personen:

Stössel, ein Apotheker.

Claudia, dessen Frau.

Leonore, beider Tochter.

Rosalie, Stössel's Nichte.

Krautmann, ein Doctor.

Gotthold, dessen Sohn.

Sturmwald, ein invalider Hauptmann (mit einem hölzernen Bein und einem Pflaster über dem einen Auge).

Sichel, ein Feldscherer.

Gallus, Bedienter.

Ein Polizeicommissar.

Ouverture und 24 Nummern.

Geschrieben 1786 und aufgeführt in Wien am Dienstag, den 11. Juli desselben Jahres. Der Aufführungsanzeige in der Wiener Zeitung von diesem Tage ist hinzugefügt: „Mlle Uhlich, eine neu aufgenommene Sängerin, wird heute die Ehre haben, das erste Mal aufzutreten.“

Partituren: Kgl. B. Berlin.
Kgl. B. Dresden.
G. d. Mfr.

Gedruckte Clavierauszüge:

1. Vom Componisten selbst. Wien bei Gottfried Friedrich 1787. 2 Bde. „Fräulein Julie Freyin von Kaschwitz gewidmet."

   „Gnädiges Fräulein! Gegenwärtiger Clavierauszug von meinem deutschen Singspiel — Der ‚Apotheker und der Doctor' — den ich mit dem grössten Fleiss selbst herausgezogen, und den ich nur allein vor den ächten erkenne, sei Ihnen bloss in der Absicht — um Ihr schönes Talent zur Musik aufzumuntern — gewidmet."

2. Von Zulehner, Wien. (Gerber, a. a. O.)

3. Zu Mainz [B. Schott]. (Gerber, a. a. O.) Brit. Mus.

4. „Zu Berlin bey Rellstab." (Gerber, a. a. O.)

5. Clavier-Auszug nach der Original-Partitur von Ed. Marxsen. Hamburg. Schuberth & Comp.

6. Neudruck: Clavierauszug mit Text und vollständigem Dialog von Richard Kleinmichel. Leipzig. Bartholf Senff.

In London ist das Werk (nach Gerber a. a. O.) 1788 sechsunddreissigmal hintereinander aufgeführt worden. Augenscheinlich nicht in der Originalgestalt, denn das British Museum bewahrt einen Clavierauszug auf, der wesentlich von der ursprünglichen Fassung abweicht. Sein Titel lautet: „The Doctor and the Apothecary a Musical Entertainement as it is performed at the Theatre Royal Drury Lane, the Music adaptet from Ditters and composed by J. Storace. London, printed for the Author, and sold by Messrs. Birchall & Andrews. Nr. 129. New Bond Street." Der Inhalt ist folgender: Ouverture von Storace. Dann folgt das Dittersdorf'sche Quintett „O wie herrlich", aber als Terzett bearbeitet für Anna, Jabella und Guzmann, auf die Worte „Now the Sun so saintly glancing" (Sung by Miss Romanzini, Mr. Sedgwick and Mrs. Crouch). Darauf Andante espressivo für Sopran mit obligatem Fagott von Storace: „On Love's blest Altar burns the flame" (Sung by Mrs. Crouch). Dann eine kurze „Symphonie plai'd during the Sun fett" von Storace. Dann das Ditters'sche Larghetto „Wann hörst du auf, verliebte Qual" als Andantino und sehr verkürzt, auf die Worte „When wilt thou cease thou pleasing pain" (Sung by Mr. Kelly). Dann das Duett Nr. 5 von Ditters „Wenn man will zu Mädchen gehen", aber auch sehr verkürzt und als Solo auf den Text „Sighing never gains a maid" (Sung by Mr. Bannister). Dann Duett Nr. 9 von Dittersdorf, „Zwei Mädchen sassen manche Nacht", ebenfalls sehr verkürzt, als „Two maidens sat complaining" (Sung by Mrs. Crouch and Miss Romanzini). Dann ein Andante von Storace „Ye hours that part my Love" (Sung by Miss Romanzini). Dann ein Quintett von Storace mit Dittersdorf'schen Reminiscenzen: „But see the moon ascending high" (Sung by Mr. Dodd, Mr. Sedgwick, Mr. Booth, Miss Romanzini und Mrs. Crouch). Dann Duett von Ditters (Schluss des Finales vom ersten Act „Wer will lieben, muss auch wagen") zwischen Carlos und Juan auf den Text „Bacchus now his nap is taking" (Sung by Mr. Belly and Mr. Bannister jun.). Damit schliesst der erste Act. Der zweite beginnt mit einem Lied Guzmann's von Storace: „Let angry Ocean to the Sky" (Sung by Mr. Sedgwick). Darauf folgt ein Andante, wieder von Storace „The Summer heats bestowing" (Sung by Mrs. Crouch). Dann ein Andante von Paesiello, Begleitung von Storace, das Carlos singt: „This Marriage Article" (Sung by Mr. Kelly). Dann ein Larghetto von

Storace „Am I belov'd" (Sung by Mr. Kelly). Dann ein
Rondo Andantino, abermals von Storace. „How mistaken
is the lover" (Sung by Miss Romanzini). Und zuletzt
der Ditters'sche Schlusschor „Victoria, Victoria", sehr
stark gekürzt, auf die Worte „This Joy inspires the
vocal lay".

Solche Ueberarbeitungen Dittersdorf'scher Werke
scheinen öfter vorgenommen zu sein. Vgl. die Bemerkung
zu Nr. 298. Auch Opern anderer Componisten hatten
unter solchen Verunstaltungen zu leiden. Von Gluck's
„Orpheus" z. B. befindet sich im British Museum eine Ausgabe mit folgendem Titel: „Orpheus and Eurydice, a grant
serious Opera . . . composed by Gluck, Händel, Bach
(Joh. Christian), Sacchini and Weichsel, with addit. new
Music by W. Reeve. London, Preston."

Die „Theaterzeitung für Deutschland" (Berlin, 1789,
S. 97) urtheilt über das Werk: „Diese Oper, welche in
Betracht ihres Alters, das erste Werk (!) des berühmten
Dittersdorf ist, kann auch füglich, in Ansehung ihres
musikalischen Werths, das erste Werk desselben genannt werden. Ein Fall, der fast allemal bei denjenigen
Meistern eintritt, welche viel Originelles in ihrer Manier
haben, und welcher eben in dieser Originalität seinen
Grund hat. Denn so vortrefflich auch in aller Rücksicht die Composition von ‚Betrug durch Aberglaube‘ ist,
so hat sie doch nicht die Eigenthümlichkeit, Mannich-
faltigkeit und komische Laune, welche den ‚Apotheker
und Doctor‘ so vortheilhaft vor allen unseren komischen
Opern auszeichnen. Auch weiss das hiesige Publicum
diesen Vorzug zu schätzen, denn mehr als dreissig Vorstellungen haben dieser Oper noch immer nicht den
ersten Platz in der Gunst desselben geraubt."

1823 wurde der „Apotheker" in Wien mit Einlagen von Roser aufgeführt. Ein Correspondent der „Leipziger Allgemeinen Musikalischen Zeitung" schreibt bei dieser Gelegenheit: „Die Musik, wenn schon gewissermaassen veraltet, bleibt doch immer wahrhaft charakteristisch, und die modern stylisirten Einschiebsel von Herrn Roser verschmolzen sich schlecht mit Dittersdorf's klarer Nüchternheit und anspruchsloser Simplicität." A. M. Z. 1823, S. 860. Für München schrieb Freiherr von Poissl 1824 neue Einlagen dazu, sechs an der Zahl, theils Arien, theils Duos, „wodurch diese halbvergessene Nationaloper wieder geniessbar gemacht wurde." A. M. Z. 1824, S. 328.

293. Der Betrug durch Aberglauben. Ein Singspiel in zwei Aufzügen von F. Eberl. Geschrieben 1786, aufgeführt am Dienstag, den 3. October, desselben Jahres in Wien. Ouverture und 23 Nummern.

Personen:

Baron von Lindburg.
Cordula, seine Frau.
Luise, seine Tochter.
Graf Walldorf, Luisens Liebhaber.
Wilhelm, sein Diener.
Friederike.
Magister Niklas.
Hans Schnack, Gärtner.
Görge, Schlosswächter.
Ein Notar.
Rauchfangkehrer, Bauern, Schlossbedienstete.

Partituren: Kgl. B. Berlin; Kgl. B. Dresden; H. B. Wien; G. d. Mfr.

Als Clavierauszug gedruckt bei Rellstab in Berlin (1788. Gerber, a. a. O.).

Die „Theaterzeitung für Deutschland", 1789, S. 26, schreibt über das Stück: „Den 17. (Januar, in Berlin)

zum ersten Mal ‚Betrug durch Aberglaube‘ ... Hätte
sich auch der berühmte Componist noch durch nichts in
der musikalischen Welt ausgezeichnet, so wäre diese
Oper allein schon hinlänglich, ihm einen der ersten
Plätze unter unsern komischen Singcomponisten zu ver-
schaffen. Echt komische Laune, treue Charakterisirung
der Leidenschaften und grosser Theatereffect halten die
Aufmerksamkeit des Zuhörers so gespannt, dass man
auch nicht einen Augenblick Langeweile empfinden
kann. Die Aufführung war dem Werthe des Stückes
angemessen.“

Das „Musikalische Wochenblatt“, Berlin, 1791, urtheilt S. 37 folgendermaassen: „Dass die Dittersdorf’-
schen Opern insgesammt auf allen Theatern Deutschlands
so viel Glück gemacht, ist wohl unstreitig dem zu-
zuschreiben, dass sie der Fassungskraft eines jeden,
selbst des ungebildeten Zuhörers, angemessen sind. Die
Melodieen sind, wenn auch nicht immer neu und edel,
doch immer so ins Gehör fallend, dass man den Augenblick in Versuchung geräth, sie mitzusingen. Die Arien
sind für den Sänger so brillant gesetzt, dass man
gezwungen ist, Beifall zu geben, selbst dann, wenn der
Text eine andere Behandlung zu erfordern schiene.
Nimmt man nun dazu noch die echt komische, wirklich
schätzenswerthe Laune dieses Componisten und sein
äusserst glänzendes Accompagnement, welches er durch
eine gewisse Hülle von Blasinstrumenten noch zu heben
weiss, so ist es um so viel weniger zu verwundern, dass
seine Opern so grossen und anhaltenden Beifall erhalten
haben. Uebrigens möchte diese Oper wohl, verglichen
mit dem ‚Apotheker und Doctor‘ und der ‚Liebe im
Narrenhause‘, die dritte am Range seyn.“

294. *Democrito corretto* Opera giocosa in due atti. Geschrieben **1786.** Aufgeführt am Mittwoch, den 27. Januar 1787 in Wien. Für die deutsche Bühne übersetzt von Schmieder, unter dem Titel: „Der neue Democrit". (Gerber, a. a. O.) Ouverture und 25 Nummern (ohne Recitative).

Personen:

Lisandro, Fürst von Athen.
Egeria, Prinzessin von Athen.
Ismene, ihre Vertraute.
Taumete, Lisandro's Vertrauter.
Democrito, Philosoph.
Strabone, sein Schüler.
Erminio, ein Schäfer.
Silene, seine Tochter.

Partituren: Kgl. B. Berlin; H.-B. Wien; G. d. Mfr.

Wie Brachvogel berichtet (Geschichte des Königl. Theaters zu Berlin, II, S. 134), hatte Friedrich Wilhelm II. folgenden directen Befehl zur Aufführung des Werkes gegeben: „Se. Kgl. Majestät von Preussen, Unser allergnädigste Herr, Schicken anbey der Direction des National-Theaters eine Komische Oper von dem berühmten von Dittersdorf mit dem Befehl solche Einstudiren zu lassen und sie nachher aufzuführen, da aber der Text in Italienischer und Teutscher Sprache ist, so schicken Höchst dieselben anbey die anmerkungen des p. Dittersdorf, welche wohl angeraten wird zu Befolgen.

Potsdam, den 4. April 1888.

Friedrich Wilhelm."

Die „Anmerkungen" Dittersdorf's waren auf einem Zettel beigefügt, der so lautet: „Eine italienische Opera

buffa ‚Democrito corretto‘, mit einem gedruckten Büchel.
Hier kommt anzumerken: dass diese nemliche Opera
ohne dass die Musik im geringsten verändert ist auch
in deutscher Sprache kann aufgeführt werden, weshalb
in der Partitur der mit rother Dinte überschriebene
deutsche Text bey den Arien und mehrstimmigen Piècen
befindlich ist. In diesem Falle aber, nemlich: wenn diese
Oper deutsch aufgeführt werden soll, taugt der im gedruckten Büchel befindliche Text nicht, es ist das bey-
liegende geschriebene Buch unter dem Titel S i l e n e
hiezu anzuwenden, wobey, wie bey allen deutschen komischen Singspielen bisher üblich gewesen, die Prosa dekla-
mirt und nicht gesungen wird. Und da überhaupt das
deutsche Büchel, weilen es der Uebersetzer treu bearbeitet
hat, viel launigter und komischer gerathen ist, so wird
diese Opera im deutschen wo nicht besser, doch gewiss
so gut als im italienischen gefallen.

Karl von Dittersdorf.“

295. Die Liebe im Narrenhaus. Eine komische Oper in
zwei Aufzügen. Text von Stephanie dem Jüngern.
Componirt 1786. Aufgeführt am Donnerstag, den
12. April 1787 in Wien. Ouverture und 22 Nummern.

P e r s o n e n :

Bast, Aufseher im Narrenspital.
Trübe, dessen Freund, und Vater der
Constanze.
Clärchen, ein Dienstmädchen.
Albert, Liebhaber der Constanze.
Kranke im Spital unter folgenden Namen:
Orpheus, ein Musiker ⎫
Erster Poet   ⎬ Narren.
Zweiter Poet   ⎭

Lucrezia ⎱ Närrinnen.
Virginia ⎰

Nicolo, Narrenwächter.

Partituren: Kgl. B. Berlin; G. d. Mfr.

Gedruckte Clavierauszüge: von Ignaz Walter, bei Schott in Mainz 1790. Berlin, bei Rellstab 1792 (Gerber, a. a. O.).

Das „Berliner Musikalische Wochenblatt" von 1791 bemerkt S. 54 über dies Stück: „Ebendasselbe, was bei Gelegenheit der Aufführung von ‚Betrug durch Aberglauben' in einem der letzten Blätter gesagt worden, gilt auch in vollem Maasse von dieser Oper. Wie denn Dittersdorf in keiner seiner Compositionen leicht zu verkennen ist. Er hat seine Lieblingsmelodieen und seine Lieblingsgänge in der Harmonie, welche immer wieder kommen — und immer gefallen. Doch sind in dieser Oper einige Stücke, welche ebenso neu und originell als schön sind. Dahin gehört erstlich die Arie mit der obligaten Violine des Orpheus und zweitens das Septett: ‚Was schätzt man höher noch als Gold'. Dieses eben angeführte Septett (welches eigentlich nichts . als ein ganz simpler Canon ist, der auf zwei Accorden ruht), ist der grösste Beweis, dass nichts auf dem Theater eigentlichen Effect thut, was nicht einfach und fasslich ist. Ein künstlicherer, verwickelterer Canon, wäre er auch noch so schön gearbeitet, würde gewiss nicht jene allgemeine Sensation bewirkt haben, welche dieses Stück zum Favoritstück des hiesigen Publicums erhoben hat."

296. Orpheus der zweyte. Für Wien 1787. (Gerber, a. a. O.)

Vgl. die „Theaterzeitung für Deutschland", die 1789, S. 91, aus Hamburg meldet: „‚Orpheus der zweite' von

Schröder mit einem Gemengsel von Musik, wozu Dittersdorf den Namen hat hergeben müssen, hat missfallen."

297. Hieronymus Knicker. Eine komische Operette in
  zwei Aufzügen. Text von Chr. Aug. Vulpius. Für
  Wien 1787. (Gerber, a. a. O.) Wien, Leopoldstadt,
  im Juli 1789. (Grove, Dictionary of Music and
  Musicians. London, 1879. I, 450.). Ouverture und
  22 Nummern.

Personen:

Kommerzienrath Hieronymus Knicker.
Luise, seine Nichte ⎱ seine Mündel.
Ferdinand, sein Neffe ⎰
Karl Feldberg, Luisens Liebhaber.
Röschen, eine Pachterstochter.
Henriette, Luisens Kammerjungfer.
Tobias Filz, ein reicher Kaufmann; taub.
Ein Nachtwächter. Bauern. Bediente. Träger.

Partituren: Kgl. B. Berlin. Kgl. B. Dresden. G. d. Mfr.

Gedruckte Clavierauszüge: 1. von S. Schmiedt; Mannheim, Goetz. (Gerber, a. a. O. irrthümlich: Leipzig 1792.)
2. Neudruck: Clavierauszug mit vollständigem Text und
Dialog von R. Kleinmichel. Leipzig, Bartholf Senff.

Carl Spazier beurtheilt die Oper im „Berliner Musik.
Wochenblatt" nach dem Clavierauszuge folgendermaassen:
„Soviel sich eine solche Musik im Clavierauszuge, der
übrigens gut und zweckmässig angelegt ist, beurtheilen
lässt, so scheint dieselbe ganz den Stil und Charakter
aller übrigen Dittersdorf'schen Theaterstücke, mit allen
ihren bekannten Vorzügen und Fehlern, zu haben. Sie
wird wegen ihrer Popularität und komischen Laune,
ihrer fliessenden und gefälligen Melodie, die freilich oft
nur gar zu bekannt und der Widerhall aus seinen anderen

Operetten ist; und wegen der Lebhaftigkeit der Instrumentalbegleitung gefallen.

Wie nun leider einmal der verwöhnte Geschmack unseres Publicums ist, so muss man ihn nehmen, und es lohnt daher kaum noch die Mühe, wenn die Kritik ein Wort verliert über die ächte Manier der leidenschaftlichen, erzählenden, mahlenden und komischen Musik; über kräftigere und mannichfaltigere Form und Zeichnung der Arien, über das leere Getöse unendlicher Ritornels, Refrains und Schlüsse, und über die eigenthümliche und wahre Behandlung des Textes, der Deklamation etc. Unser unersättliches Publicum will, dass Künstler von Zeit zu Zeit auf den grossen Markt ziehen und Stücke von der Hand schlagen; es verlangt Neuheit und — Masse.

Rec. haben in dieser Operette, was den eigentlich musikalischen Gehalt betrifft, am besten gefallen: die eilfte mahlerische und brav gearbeitete Arie, die von sehr gutem Effect auf dem Theater seyn muss; ferner, die achtzehnte: Hoffnung, Labsal meiner Seele, die vorzüglich guten Gesang hat, einfach und rührend ist; und dann das Septett, am Schluss des zweiten Actes, das, zumal von charakteristischer Handlung begleitet, ungemein viel Wirkung hervorbringen muss.

Aber eine solche Verirrung eines so vorzüglichen Künstlers, als die ist, wovon die ganze dreizehnte Arie zeugt, lässt sich fast mit nichts, als mit dem interdum dormitat und mit der Verachtung entschuldigen, mit der ein guter Componist bei seinen Arbeiten bisweilen auf ein loses Publicum hinsehen mag, dem Sinn und Unsinn gleich viel ist. Sollte man sonst glauben können, dass auf die Worte: „O, mein Unglück ist nun ohne Grenzen,

und ich stürze ins Elend hinein etc." eine gewaltige
Bravourarie gesetzt ist, und dass auf „hinein" einmal
eine Reihe von stakkirten hohen Noten und Roulements
von 12 Takten im C-Takt, und das andere Mal von
22, sage zweiundzwanzig Takten vorkommt."

Das Stück wurde 1828 in Wien unter dem Titel
„Vetter Lucas von Jamaica" mit einer neuen Musik von
Riotte aufgeführt, wozu der Correspondent der „Leipziger
Allgemeinen Musikzeitung" bemerkt: „Man hätte immer-
hin die brave und zweckmässige Original-Composition,
die mit der Dichtung im Einklang steht, beybehalten
können." A. M. Z. 1828. S. 686.

298. Das rothe Käppchen. Eine komische Oper in zwei
    Aufzügen. Frei bearbeitet von C. A. Vulpius. Für
    Wien 1788. (Gerber, a. a. O.) Ouverture und
    22 Nummern.

Das Hauptmotiv des ersten Actes, dass eine durch
die Eifersucht ihres Mannes gequälte Frau droht, sich
ins Wasser zu stürzen, statt ihrer einen Stein hinein
wirft, dadurch den erschreckten Eheliebsten aus dem
Hause treibt, dann selbst zur Thür hinein schlüpft und
den Gefoppten aussperrt, ist aus Boccaccios Decamerone,
Tag 7, Erzählung 4, entlehnt. Vgl. auch Chamisso's
„Hans Jürgen und sein Kind", das aus derselben Quelle
fliesst. Das Ganze soll nach der „Giannina" des Livigni
gearbeitet sein.

Personen:

Emmerich von Landau, ein invalider Husarenrittmeister.
Lina, seine Nichte.
Lieutenant von Felsenberg.
Sander, Kastellan des herrschaftlichen Schlosses.
Mariane, seine Frau.

Hans Christoph Nitsche, Schulze des Dorfes.

Hedwig, seine Frau, Sanders Schwester.

Ein Korporal, ein Gefreiter, ein Bauer.

Soldaten, Rekruten, Bauern.

Partituren: Kgl. B. Berlin; G. d. Mfr.; Bibliothek der Kgl. aka-
demischen Hochschule für Musik in Berlin. Exemplar
aus dem Nachlass Robert Schumanns, mit vollständigem
Dialog.

Gedruckte Clavierauszüge: 1. Von Ignaz Walter,
Mainz, Schott. (1792. Gerber, a. a. O.). 2. Von Siegfried Schmiedt. Leipzig 1792 (Gerber, a. a. O.).

In der „Allgemeinen Musikalischen Zeitung" Leipzig,
1798/99 S. 307 f., schreibt Gerber über diese Oper:
„Unter allen [Componisten, denen der populäre Styl, die
komische Laune und die Karrikatur im Ausdruck zur
Verfügung steht] behauptet sich der Herr von Dittersdorf ohne Widerrede, in seinen Werken am allgemeinsten
im Besitze dieser Stücke, und besonders jener Karrikatur, welche man bisher nur als ein Eigenthum der
Maler angesehen hat. Um sich hiervon zu überzeugen,
braucht man nur sein allgemein bekanntes ‚Rothes Käppchen', die vom Dichter desselben aufgewärmte ‚Giannina'
des Livigni, dem man sonst unter seinen Werken eben
nicht den ersten Platz anweist, mit anzuhören. Nur
wenige Sätze werden darinne ausfallen, welche nicht als-
bald in jedem Ohre Eingang fänden und dadurch ihre
Popularität bewiesen.

Eben so wenig fehlt es darinne an ächt komischer
Laune. Man höre, wenn der Kastellan singt: das nehm
er sich zur Lehre u. s. w. Wie er bey der Wiederholung
dieser Worte in langsamern Zeitmasse sehr ernsthaft
und nachdrücklich seinem Schwager Schulzen noch einmal sagt: und werd er einmal klug! Und da er sieht,

dass er dennoch tauben Ohren predigt, wird er un-
geduldig und zankt, indem er noch einmal zurückkommt,
ihm das Nehmliche mit Heftigkeit vor. Man muss dies
hören, um den glücklichen Einfall des Componisten geniessen zu können: so wie dies überhaupt in der Musik
bey allen komischen und witzigen Zügen der Fall ist.
Viel edelkomischen Ausdruck und Karrikatur zugleich hat ferner die Arie des alten Husarenrittmeisters:
Lustig leben die Soldaten. Der Componist malt hier die
Lustigkeit eines alten Kriegers mit Recht in einer
munteren Polonaise, vermittelst welcher er seine Thaten,
in Kämpfen mit Mädchen und Türken, erzählt. Aber
dann erhebt sich der Ausdruck bis zum innig Rührenden,
wenn er an die Worte kommt: doch die Zeit ist nun
vorbey! Itzo will ich bey dir bleiben u. s. w. Bey den
Worten hingegen: Liebe Lina, was ist das? wird der
Ausdruck wieder komisch: da er sich nehmlich durch
ihre Thränen selbst bis zum Weinen gerührt sieht, sucht
er mit Gewalt, so gut er kann, eine Lustigkeit zu affec-
tiren, indem er tanzt und dazu singt: danja, danja,
danja te! Dies kommt aber so gezwungen heraus, dass
man immer noch gleichsam die Thräne der Schwermuth
durchschimmern sieht. Oder aber, es ist der Gesang
eines alten Knaben, der das, was er vor 50 Jahren auf
dem Tanzplatze hörete, hier halb und halb, in Frag-
menten, wiedergibt. Sey es diese oder jene Idee, welche
der Componist dabey gefasst hatte, so war es in beyden
Fällen ein Meisterzug.

Dann noch die allerliebste Romanze: Es war einmal
ein alter Mann; munter, angenehm und populär, ohne
doch gemein zu seyn.

Von ächter Karrikatur findet man hier eben so viel

Muster. Z. B. gleich im Anfange, nachdem sich die Schwäger und Schwägerinnen eine Zeitlang durchgezankt haben, klagen sie am Ende: Wie wirbelt es in meinem Kopf, la borla, borla, borlabo, so poltern Erbsen in dem Topf, la borla etc. Ich möchte den sehen, der bey diesem Gewäsche, so wie es Dittersdorf behandelt hat, nicht wenigstens lächeln sollte?

Ein ähnlicher Zug von wahrer Karrikatur findet sich am Ende des Finals vom ersten Acte, wo die ganze Gesellschaft über die Frage im Zwiste ist, ob der Schulze seine Frau in den Brunnen geworfen habe oder nicht? Am Ende lässt sie der Componist bey den Worten: Das Herz schlägt wie ein Hammer mir, gleich einer Mühle klapperts hier! die ganze Ouverture wieder — absingen, und zwar so, dass jeder Zuhörer in Versuchung geräth, mitzusingen.

Noch gehört hierher der fürchterlich-komische Synagogengesang des Juden aus dem vorigen Jahrhundert, mit den launigten und drolligten Verzierungen.

Und endlich im Schlussgesang das ausschweifende und unaufhörliche Gerühme und Geprahle der ganzen werthen Gesellschaft, über das grosse Wunder, das solch ein Käppchen wirken kann, und das der Componist durch meisterhafte Variationen einer jeden Strophe immer interessant für den Zuhörer zu erhalten gewusst hat. Und dennoch scheint die komische Laune im Schlussgesange zum ‚Hieronymus Knicker‘, womöglich noch weiter getrieben zu seyn.

Ich bin hier mit Fleiss die Proben übergangen, welche er auch von dem Ausdrucke edler und grosser Empfindungen in dieser Oper, z. B. in der Arie gibt: Flieht ihr quälenden Gedanken, und besonders in: Endlich fliehet alle Plage; welche meisterhaft mit der Flöte concertirt; um nicht die ganze Oper durchzumustern: da ihn die Liebhaber schon in seinen Oratorien und andern Werken, von dieser Seite rühmlichst haben kennen lernen."

Der ungenannte Bonner Correspondent für „Reichardt's Theaterkalender" (wahrscheinlich Neefe) berichtet vom Winter 1791/92 (S. Thayer, Beethoven, Bd. I, S. 199): „Das rothe Käppchen, von Dittersdorf; gefiel ausserordentlich. Fast gewann es das Ansehen, als würden wir in einem Abend diese Oper zweimal sehen: denn im ersten Act mussten drei Arien hintereinander, jede zweimal gesungen werden. Auch im zweiten und dritten Act wurden Arien wiederholt, worunter eine von Neefe im Dittersdorfischen Ton war, die er statt einer Bravourarie gesetzt hatte.

Diese Musik des Herrn von Dittersdorf ist nun zwar nichts weniger als Mozartisch. Aber der Ton derselben war für das hiesige Publicum neu; es ist Alles so populär! so fasslich! Die Begleitung der Instrumente so abwechselnd, lebhaft und glänzend. Darum wohl gefiel sie auch so. Viel solche Musiken darf man jedennoch nicht hintereinander hören, wenn sie Beifall behalten sollen."

„Das rothe Käppchen" war die einzige Oper, die während dieser Saison in Bonn wiederholt wurde. Sie erlebte drei Aufführungen.

299. Der Schiffspatron oder der neue Gutsherr. Eine komische Oper in zwei Aufzügen. (Titel der Dresdener Partitur: „Der Gutsherr oder Gürge und Hannchen". Eine ländliche komische Oper etc.) Ouverture und 20 Nummern. Für Wien 1789. (Gerber, a. a. O.)

Personen:

Herr von Freudenhayn, Schiffspatron.
Der Oberamtmann.
Der Amtsschreiber.
Frau Balder, des Amtsmanns Nichte, Wittwe.
Hannchen, des Müllers Tochter.
Röschen, des Schulzen Tochter.
Regine, eine alte Bäuerin.
Gürge, Röschens Bruder.

Partituren: Kgl. B. Dresden. G. d. Mfr.

Gedruckte Clavierauszüge: 1. Von Siegfried Schmiedt, Leipzig, Breitkopf. (1793. Gerber, a. a. O.) 2. Zu Zürich bey Nägeli. (Gerber, a. a. O.)

300. Hokus Pokus! Eine komische Oper in zwei Aufzügen von C. A. Vulpius. 18 Nummern. Für Wien 1790. (Gerber, a. a. O.)

Personen:

Arnolph, ein Pferdehändler.
Florentine, seine Schwester.
Faustin, ein Schauspieler.
Lukrezia, seine Schwester.
Röschen, ein Nähemädchen ⎱ im Gasthofe.
Zachäus Mantelbrett, der Hausknecht ⎰

Partitur: Kgl. B. Dresden.

301. Das Gespenst mit der Trommel. Ein deutsches komisches Singspiel nach Goldonis Conte Caramello frei bearbeitet. Für Oels 1794. (Gerber, a. a. O.) 22 Nummern.

Es gab ein Lustspiel dieses Titels „nach dem Englischen des Addison aus dem Französischen des Destouches", das u. A. in Berlin und Hamburg aufgeführt wurde. Vgl. Brachvogel, Geschichte des Königl. Theaters zu Berlin. Berlin, 1877, I, 283, und Lessing, Ham-

burgische Dramaturgie, 17. Stück. Vielleicht hängt der
Text der Oper auch mit diesem Werk zusammen.

Personen:

Graf.
Gräfin.
Baron.
Frau Martha.
Friderike.
Konrad.
Wirth.

Partituren: Kgl. B. Berlin. Kgl. B. Dresden. G. d. Mfr.

302. *Gott Mars.* Singspiel in zwei Acten. Für Oels
1795. (Gerber, a. a. O.) 21 Nummern.

Singende Personen:

Der alte Hauptmann von Bärenzahn.
Emilie, seine Tochter.
Der Leutnant Streitter.
Herr v. Schönbusch, Emiliens Liebhaber.
Frau Ursula.
Peter, Reitknecht des H. v. Schönbusch.

Nicht singende Personen:

Krause, ein alter Bedienter.
Thomas, Gärtner.

Partitur: Kgl. B. Dresden.

303. *Don Quixott der zweite.* Ein Singspiel in zwei Acten.
Für Oels 1795. Ursprünglich italienisch, aber auch
ins Deutsche übersetzt. (Gerber, a. a. O.) Ouverture und 23 Nummern.

Personen:

Rittmeister Windsbraut.
Habicht, ein bemittelter Gewürzhändler.
Agneschen, seine Tochter.
Brigittchen, seine Nichte.
Frau Zeiler, eine junge Wittib.

Quelle, Assessor im Zollamt.
Professor Polipodius, ein Arzt.
Ein Regimentstambour, 2 Pfeifer, 2 Tambours.
1 Unterofficier, 2 Mann Wache.

Partitur: Kgl. B. Dresden.

304. Die Gwelfen. Ein Vorspiel aus der Geschichte des zwölften Jahrhunderts. Braunschweig-Oels 1795. 4 Nummern.

Personen:

Pribislaus, Fürst der Wenden.
Gertrude, seine Gemahlin.
Mechtildis, Gemahlin Heinrichs des Löwen.
Graf Simon von Tettenburg.
Bernhard, sein Knappe.
Adolf
Conrad v. Vegeburg } Heinrichs des Löwen Verfolger.
Fredegunde, Königin der Feen.

Partitur: Kgl. B. Dresden.

305. Schach vom Schiras. Ein orientalisches komisches Singspiel nach August von Kotzebue („Sultan Wampum"). 1795. (Aufgeführt zu Oels. Gerber, a. a. O.) Ouverture und 19 Nummern.

Personen:

Schach Wampum, Beherrscher von Schiras.
Hussan, Oberster der Verschnittenen.
Nurraddin, ein junger Kaufmann.
Saled, dessen Diener.
Alma, eine junge Waise.
Ein europäischer Arzt.
Ein Genius.
Ein Däumerling (der nicht singt).
Zwo Schildwachen (die nicht singen).

Partitur: Kgl. B. Dresden.

306. Die lustigen Weiber von Windsor. Ein komisches Singspiel in zwei Aufzügen. Für das Braunschweig-

Oels'sche Hoftheater. 1796. [Text nach Shakespeare von Herklots.] Ouverture und 21 Nummern.

Personen:

Ritter James Fallstaff.
Herr Wallauf.
Madame Wallauf.
Herr Kuthal.
Madame Kuthal.
Luise.
Warnek.
Frau Clapper.
Drei Gläubiger.
Gerichtsdiener, Knechte, verkleidete Feen.

Partitur: Kgl. B. Dresden.

307. *Der schöne Herbsttag.* Ein Prolog zur Geburtstags-feier seiner Durchlaucht der regierenden Person zu Braunschweig-Oels. 1796. 3 Nummern.

Personen:

Wilhelmine.
Caroline.

Partitur: Kgl. B. Dresden.

308. *Ugolino.* Ein Singspiel. 1796. („Ernsthafte Oper in 2 Acten. Durchaus Gesang. Oels 1796." Gerber, a. a. O.) 13 Nummern.

Personen:

Ugolino.
Laura.
Fernando.
Chören.

Partitur: Kgl. B. Dresden.

309. *Der Terno secco.* Ein komisches Singspiel aus dem italienischen frei bearbeitet. („Opera buffa. 2 Acte. Ist auch für das deutsche Theater übersetzt, unter

dem Titel: ‚Der gedemüthigte Stolz'. Breslau, 1797."
Gerber, a. a. O.) Sollte diese Oper nicht identisch sein
mit dem von Gerber aus demselben Jahre angeführten
„Ternengewinnst"? Ouverture und 22 Nummern.

Personen:
Herr von Buchwald, ein alter Edelmann.
Pare, sein Mündel und Neffe.
Luise, Pare's ältere Schwester.
Nanette, Pare's jüngere Schwester.
Philippine, des Gärtners Tochter.
Ober-Leutnant Frohmuth, Philippinens Bruder.
Heinrich, Pare's Bedienter.
Ein Lotteriecollecteur und ein Tagelöhner, die
    weder reden noch singen.
Partitur: Kgl. B. Dresden.

310. *Der Mädchen-Markt.* Ein Singspiel (1797) in drei
Aufzügen. Nach Saintfoie von Carl Herklots. Ouverture und 29 Nummern. (Dittersdorf bietet in der
„Leipziger Allgemeinen Musikalischen Zeitung" von
1798, „Intelligenzblatt" Nr. V, neben diesem „Mäd-
chenmarkt" noch eine Opera buffa „Il Mercato delle
Ragazze" (1798) aus. Das ist wahrscheinlich nur
eine Umarbeitung des deutschen Singspiels für die
italienische Bühne, mit Recitativen statt des ge-
sprochenen Dialogs.)

Personen:
Der Gouverneur.
Belcourt.
Caroline, seine Geliebte.
Marion, ihre Zofe.
Holbeck, Landwirth.
Philipp.
Paul.
Trabanten, viele Mädchen, Volk und Masken.
Partitur: Kgl. B. Dresden.

311. *Der Teufel ein Hidraulikus.* Lustspiel [von Albrecht nach P. Weidmann's „Bettelstudent" bearbeitet. Grätz 1790]. 3 Arien.

Partitur: Kgl. B. Dresden.

Dann werden in der „Leipz. Allg. Mus. Ztg." 1798, „Intelligenzblatt" V, noch folgende Opern zum Kauf angeboten:

312. *Don Coribaldi,* o sia la Prepotenza usurpata. Drama in due Atti messa in Musica. 1798.

313. *Der Durchmarsch* nach Girzigs kristlicher Judenbraut neu umgearbeitet mit einer ebenfalls neuen Musik. 1796.

314. *Die Opera buffa.* Von Bretzner in Leipzig. 1798.

Endlich findet sich noch bei Gerber, a. a. O.:

315. *Il Tribunale di Giove.* Eine grosse Serenate. Mscrpt. bei Rellstab in Berlin.

II. Oratorien, Messen etc.

316. *Isacco figura del Redentore.* Oratorium. Text von Metastasio. Durch den Bischof von Grosswardein ins Lateinische übertragen. Grosswardein 1766. (Selbstbiographie, S. 144.) In Wien aufgeführt 1776. Der Originaltext steht in Opere di Pietro Metastasio, Londra 1782—83, Bd. 7, S. 367. Zusatz zum Titel: Azione Sacra, scritta dall' Autore in Vienna d' ordine del Imperator Carlo VI, ed eseguita la prima volta con Musica del Predieri nella Capella Cesarea la Settimana Santa dell' anno 1740.

Interlocutori:
Abramo.
Isacco.

Sara.

Gamari, compagno d' Isacco.

Angelo.

Coro di Servi e di Pastori.

317. Davidde penitente. Oratorium. Text von Padre Salvator Ignaz Pintus. Johannisberg 1770. (Selbstbiographie S. 199.)

318. La Liberatrice del Popolo Giudaico nella Persia, o sia l' Esther. Oratorium. Text von Padre Pintus. Zuerst aufgeführt in Wien am 19. und 21. December 1773. Der auf der Kgl. B. Berlin befindlichen Partitur, die nur italienischen Text enthält, ist ein italienisches Textbuch mit gegenüberstehender deutscher Uebersetzung vorgebunden, das zur Aufführung dieses Oratoriums im „Concert der musikalischen Liebhaber in Berlin" 1775 gedruckt wurde. Die Ouverture ist abgedruckt in der S. 33 citirten Neuausgabe.

Singende Personen:

Esther (Sopran).

Ahasverus und Haman (Tenor).

Mardachai (Bass).

Seres, Gemahlin Haman's (Sopran II).

Hathach, Vertrauter der Esther und des Mardachai (Sopran).

Chöre des Gefolges des Haman, des Mardachai, der Hebraeer und der Furien.

Partituren: Kgl. B. Berlin. H.-B. Wien. G. d. Mfr.

319. Giob [1]). Oratorio per la quaresima 1786. [Text

---

[1]) Giob ist die Form des Namens, die sich auf der Partitur der Kgl. H.-B. Berlin findet. Richtig wäre Giobbe, wie Dittersdorf auch schreibt.

von Padre Pintus?]. Zuerst aufgeführt am 8. und 9. April 1786 in Wien. Ouverture und 41 Nummern.

Interlocutori:

Giob (Tenore).

Zara, sua moglie (Soprano).

Elifaz } amici di Giob { Soprano.
Baldad }   { Tenore.

Ismaele, Capo de' Pastori (Basso).

Un Angelo (Soprano).

Cori di amici e sudditi di Giob di diversa gente.

Partituren: Kgl. H.-B. Berlin. G. d. Mfr.

Das Oratorium wurde 1789 unter persönlicher Leitung des Componisten im Berliner Königlichen Opernhause aufgeführt, wovon in der Selbstbiographie S. 269 ff. weitläufig berichtet wird. Die „Chronic von Berlin" . . . von Tlantlaquatlapatli (H. W. Seyfried) theilt in Bd. III S. 1034 die Besetzung der Hauptrollen mit: Hiob — Concialini; Sara — Mlle Niclas; Eliphas — Hurca; Baldad — Tombolini; Ismael — Franz. In der „Spener'schen Zeitung" vom 30. Juli und in der „Vossischen Zeitung" vom 30. Juli und 4. August wird in langen Anzeigen auf diese Aufführung hingewiesen. Es war das erste Mal, dass das Königliche Opernhaus für eine Privataufführung hergegeben wurde; und es war auch das erste Mal, dass das Opernhaus dem Publicum für Geld offen stand: die gewöhnlichen Vorstellungen fanden unentgeltlich statt. Die Eintrittspreise waren bei dieser Gelegenheit ziemlich hoch bemessen: „Im ersten oder königlichen Rang bezahlt die Person 2 Thaler, im zweiten 1 Thaler, im dritten oder obersten Rang, sowie in den Parterrelogen, auch im Parterre selbst, welches ohne Nebenabtheilung bleibt, die Person 16 Groschen." Am 8. August

brachte die „Spener'sche Zeitung" einen ausführlichen
Bericht über den äusseren Verlauf der Aufführung: „Das
italiänische Oratorium ‚Hiob' des Herrn von Dittersdorf
wurde am 5. im grossen königlichen Opernhause mit
ungewöhnlicher Pracht und Würde aufgeführt, dass es
wohl mit Recht eine nähere Anzeige verdient. Die
königl. Sänger, unter denen sich Herr Concialini und
Herr Tombolini ganz vorzüglich auszeichneten, das ganze
königl. Orchester und eine grosse Menge anderer braver
Privatmusiker, und die beste Auswahl aus allen hiesigen
Schul- und Stadtchören formirten eine so vortreffliche
musikalische Besetzung, wie man sie wohl schwerlich in
irgend einer andern grossen Stadt finden möchte. Die
ausserordentlich genaue und kraftvolle Ausführung gereicht dem Orchester und dessen Anführer, Herrn Vachon,
ebensosehr zur Ehre, als der vortrefflichen Direction
des verdienstvollen und allgemein geliebten Componisten
dieser äusserst stark effectuirenden, brillanten und in
jeder Rücksicht schönen Composition. Auch war das
Aeussere dieser Aufführung ungewöhnlich brillant. Das
Orchester war auf eine sehr vortheilhafte Art auf dem
Theater, das als ein prächtiger Saal decorirt war, placirt,
und das ganze Haus prächtig erleuchtet, so dass man
fast noch nie die Schönheit des neuverzierten Opern-
hauses so angenehm genossen hatte. Se. Majestät der
König und das ganze königl. Haus mit allen hohen an-
wesenden Fremden beehrten diese Aufführung mit ihrer
hohen Gegenwart; auch war das ganze Haus mit unserm
feinsten Publicum angefüllt und gewährte auf jede Weise
einen sehr angenehmen und brillanten Anblick. Se. M.
der König haben den Herrn v. Dittersdorf zum Zeichen
allerhöchst dero Zufriedenheit mit der grossen Auf-

Krebs, Dittersdorfiana.

führung seines Oratoriums mit einer sehr prächtigen goldenen Dose und 200 Stück Dukaten gnädigst beschenkt." Der „Verein der musikalischen Liebhaber" in Berlin führte das Werk 1791 noch einmal auf. Im Anschluss daran widmete Spazier dem „Hiob" eine eingehende Besprechung im „Musikalischen Wochenblatt" (S. 41 f. u. 49), die hier abgedruckt werden mag:

„Am 4ten November wurde im Liebhaberconcert der erste Theil des Oratorii ‚Hiob‘, von Dittersdorf gegeben und von dem Orchester in der That recht brav und mit aller Präcision ausgeführt. Es sangen Madame Bachmann und Dem. Schmalz; beide recht sehr gut und mit Empfindung und richtigem Ausdruck. Ersterer gelang die Arie der Sara: ‚Una Madre i figli suoi Per pietà domanda a voi‘ ganz vorzüglich. Man hörte ganz das liebende Weib, die geängstete Mutter; und das Tragen der Stimme, die schöne Einfachheit im Vortrage, welchen ein volles beklommenes Herz nur so geben kann, waren ungemein rührend. Auch die Stelle: ‚I miei figli — intendo, intendo — son periti‘ kann nur so wahr von einer denkenden Sängerin, als Mad. Bachmann ist, vorgetragen werden. — Auch Dem. Schmalz, wie gesagt, verdient diesmal uneingeschränkten Beifall. Besonders schön sang sie die Arie: ‚Cosi tal volta si turba il giorno‘, von welcher der bessere erste Theil ihr viel Gelegenheit gab, ihre gediegene, schöne Stimme und Fertigkeit zu zeigen. Doch sang sie durchaus edel und ohne überflüssige Zierrathen. Der zweite Theil der Arie ist matt und schlecht und eitel Flickerei. Doch von diesem und jenem der Composition nachher. Herr Franz, der als braver Bassist bekannt ist, und Herr Musikdirector Leh-

mann, thaten auch das Ihrige, das Stück gut darzustellen
und zu beleben. Nur intonirte Ersterer zuweilen etwas
unrichtig, wozu wohl der entferntere Standort etwas beitragen mag. Im Vortrage des höheren Recitativs dürfte
man ihm bisweilen vielleicht auch noch etwas mehr
wahres Leben und Nüance wünschen.

Was nun — um darüber meine unvorgreifliche
Meinung zu sagen — die Composition des Stückes selbst
betrifft, so zeugt sie allerdings von einem versuchten
und geübten Künstler, und es sind darin einzelne Stellen
enthalten, die vortrefflich und meisterhaft sind. So ist
in der Arie der Sara: ‚Si, vorrei' etc. der zweite Theil
‚Deh, gran Dio, vigor inspirami, o mi togli il mio timor'
sehr schön; obgleich Schade ist, dass auf ‚mio' eine Menge
von oft wiederkehrenden und höher fortschreitenden
Trillern gelegt ist. Was soll das? — Ferner hat der
erste Chor ‚Riempi 'l nostro Core santo divin Timore'
einen edlen und einfachen Gesang und athmet frommen
Sinn, wiewohl man dabei, wie überhaupt in diesem ganzen
Theile, zu sehr an Dittersdorf's früheres Oratorium
‚Esther' erinnert wird. — Die Scene, in welcher gleich
vor den Worten: ‚Sommo Dio che sara' bis ‚l' ultimo
Giorno' ein vorhandenes Ungewitter ausgedrückt ist, in
welchem der Chor ‚Onnipotente Dio, Pietà, pietà di noi!'
dazwischen schreyt, ist grausenvoll und höchst mahlerisch.
Die Bässe, die wie der Sturmwind auf und nieder wogen,
sind in unaufhörlicher Arbeit, während die übrigen
Instrumente in hoher Spannung und Schreckgetöse daher
kreischen. Der endlich angrenzende Chor, in welchem
das geängstete Volk, das sich aus all' dem schrecken-
vollen Gesause gleichsam allmählig hervorarbeitet, das
‚Pietà di servi tuoi!' daher tönt, ist meisterhaft, und der

Ausdruck in enharmonischer, gewaltsamer Fortschreitung
auf die Worte: ‚Il nostro pianto movati!‘ höchst stark
und erschütternd [1]).

Indessen all dieser grossen Schönheiten ungeachtet
kann man doch nicht sagen, dass dieser erste Theil überhaupt — als von welchem ich nur erst urtheilen kann —
etwas Grosses und Hervorstrebendes sey. Die Recitative
sind grösstentheils leer und einschläfernd. Der Stil und
die Manier ist durchgängig opernmässig, und man vermisst den Künstler, der an der Heiligkeit und Schlicht-
heit des biblischen Gegenstandes, den man allenfalls auch
in der Kirche müsste hören können (wie denn der Ur-
sprung der Oratorien daher sich schreibt), innigen Antheil genommen hat. Er macht es vielmehr, wie so viele
Componisten es machen, welche die Poesie mehr zur
nothdürftigen Magd als zur freundlichen Lebensgefährtin
gebrauchen, mit welcher sie in süsser Einigung Einen
Weg zu wandeln haben. Sie thut ihm nur Dienste, um
sich doch an etwas halten zu können, wobei er um so
freier sein musikalisches Spiel treiben, und sich mit dem
Sauss und Brauss der Instrumente, die ihm schon von
fern zu Gebote stehen, bisweilen etwas gütlich thun
könnte. Ein Beweis davon ist unter andern die Tenor-
arie: ‚Tu che la Copia versi di tanti beni e tanti‘,
worin der alte, fromme Hiob Gott selbst bittet, er möchte
doch ihn und seine Kinder vor aller Sträflichkeit be-
wahren. Statt dass man nur den Ausdruck einer in
sich gebeugten, Gott ergebenen Seele hören sollte, muss

---

[1]) Nur wäre bei den hiesigen Chören ein richtigeres Verhältniss der Stimmen untereinander, reinere Intonation und Festigkeit
und Sicherheit bei den Intervallensprüngen zu wünschen.

man sich eine gemeine Opernarie mit scandalösen Colo-
raturen vorjauchzen lassen. Wie abgeschmackt! indem
Hiob um Beförderung des unsträflichen Wandels bittet,
lässt der Componist denselben eine neue Sünde begehen
und dem lieben Gott etwas eine lange Weile vorgaukeln.
Der mag ihm denn aber auch dafür diese schwere Sünde
vergeben!

Ausser dass Dittersdorf in jener oben angeführten
Stelle ‚i miei figli?‘ bei den sonst wahr und interessant
ausgehobenen Worten ‚oh colpo orrendo‘ den Accent
einigemal auf ‚do‘ legt, da er doch auf ‚ren‘ liegen sollte,
welches eine äusserst hässliche Wirkung thut; ausser
dass er einmal ‚questi palpiti‘ in einer Arie auf eine zu
abgenutzte Art und zu lange ausmahlt: so hat er, nach
meinem Gefühl und meiner geringen Einsicht, den ganzen
Monolog des Ismael, der von den Hirten erzählt, dass,
als sie auf dem Felde herumtrieben, ein Ungewitter entstanden sey, das also war und jetzt nicht mehr hörbar
ist, gänzlich vergriffen. — Es ist das eine schwere Sache
und es setzt den reinsten Geschmack, richtige, geläuterte
Einsicht und feines ästhetisches Gefühl voraus, darin
nicht zu fehlen. Offenbar hat das Präsens im italiänischen
Texte, — welcher Freiheit sich der Dichter um der Lebhaftigkeit der Rede willen bedienen kann, die aber der
Componist nicht nachahmen darf, weil er durch ein neues
Vehikel der Töne selbst, unmittelbar zum Ohre spricht —
den Componisten zu dieser falschen Mahlerei verführt,
obwohl die Schuld davon der Dichter, von Rechts wegen
mit tragen muss. Es heisst: ‚Tutti raccolti eran nel
vasto pian — — le Greggi ed il Pastor, quando improviso
Ecco si chiude il ciel‘ etc. Dies ‚ecco‘ ist aber nur eben
das, was ein gemahltes Ungewitter ist. Hierbei ist Wahr-

heit der Kunst und erlaubte Täuschung, insofern dabei
der Einbildungskraft und dem Verstande es überlassen
bleibt, sich die angedeutete Scene auszumahlen und sie
sich selbst vorzustellen. Ebenso gibt mir der Dichter
durch solch anschauliches Bild Gelegenheit, mich im
Geiste in eine solche Situation so zu versetzen, als wenn
sie gegenwärtig wäre. Aber ein anderes ist es mit der
musikalischen Darstellung. Sobald der Componist mir
durch Mahlerei mit Tönen zumuthen will, dass ich bei
einer bloss erzählten Scene, bis zum Grade der wirklichen Empfindung getäuscht werden soll, so hat er völlig
unrichtig calculirt, und all' mein Gefühl und meine ganze
Vernunft regen sich dagegen auf.

Doch, was brauch' ich diese feinere Materie, die
eigentlich in eine Theorie des Geschmacks gehört, weiter
zu verfolgen; zumal da Engel¹) bereits darüber sehr
gut und gründlich geschrieben hat. Indessen mag diese
Anmerkung dastehen, damit jüngere Componisten über
das Gebiet und die Grenzen ihrer Kunst nachdenken,
und den Ausdruck des grossen Geschmackslehrers Lessing:
der denkende Künstler ist noch eins so viel werth, be-
herzigen mögen.

Soll ich noch etwas hierher Gehöriges anführen, so
wäre es der letzte Satz im Schlusschor: ‚il Nome del
Signor sia benedetto‘, auf welchen eine Art von freyer
Fuge, die eine halbe Viertelstunde währt, gesetzt ist.
Ich habe wider die Fuge in einem geistlichen Stücke
nichts; auch dawider nichts, dass der Componist einen
solchen Satz, wo er ihn findet, zu diesem Zwecke auf-

---

¹) Ueber musikalische Mahlerei. An Herrn Capellmeister
Reichardt.

greift. Die Kunst darf auch in diesem Zweige nicht
verarmen. Und insofern man doch einmal darüber einig
ist, dass bei Concerten und Figuralmusiken aller Art
auf die höchste Natürlichkeit Verzicht gethan werden
muss, und ein Werk des Geschmacks ein freyes Spiel
des Geistes seyn soll, wobei Sinne, Einbildungskraft und
der an Zusammensetzung sich weidende Verstand ihre
Rechnung finden sollen: insofern darf sich auch der
Künstler in der Darstellung mannigfaltiger Formen, also
auch der Fuge, zeigen. Nur müssten sie, dünkt mich,
in geistlichen Stücken vor allen Dingen edel seyn und
kein zu üppiges, oder wohl gar barokkes Thema haben;
am wenigsten aber ein edles Wort verzerren und
spasshaft machen. Und das ist hier der Fall. Auf
Signor sind eine Menge zurückspringender, lebhafter
Figuren in kurzen Noten gesetzt. Das ist nun höchst
widerlich und heisst wohl, mit dem lieben Gott auf eine
sehr weltliche Art umgesprungen. Wie weit besser versteht sich auf solche Arbeit unser brave, liebe Fasch;
wie weit sinniger und edler sind seine Fugen und
Chöre! —

Der zweite Theil, den man am 11. November im
Liebhaberconcert und wiederum mit glücklichem Erfolg
aufführte, hat viel Schönes, und man wird hier durch
manche Scene, worin der Componist sowohl mehr sein
Herz sprechen liess, als auch die Schätze seiner Kunst
mit weiserer Anforderung aufbot, entzückt und hin-
gerissen. Und sicher ist es, dass das ganze Stück,
mancher einzelnen Fehler wider den guten Geschmack
ungeachtet, dennoch einen guten Totaleindruck zurück-
lässt und für den Künstler sehr einnimmt, der, sollte es
auch nebenher nicht selten durch liebliche Reminiscenzen

geschehen, nicht wenig das innere Spiel unserer Empfindungen belauscht, das Ohr mit süssen Melodieen er-
füllt und bei dem lauernden Verstande vorbei, zum Herzen
hinzuschleichen weiss. Es ist wohl recht und billig,
dass wir dem Manne, der uns einen im Ganzen immer
so schönen Lebensgenuss bereitete, und sich durch ein
grosses und schweres Kunstproduct verdient machte, von
ganzem Herzen danken; wenn auch gleich wir uns im
Namen der Kunst aufgefordert fühlen, von diesem und
jenem, womit unser Gefühl nicht harmonieren will, auch
wohl öffentliche Rechenschaft abzulegen..... Und so-
nach will ich denn also meine unmassgebliche Beurtheilung
kürzlich fortsetzen.

Dieser Theil hebt mit einem choralartigen Satz an
auf die Worte: ‚Passa il giorno, e mi ritrova l' atra notte
fra i dolori‘ etc., welchen der gebeugte Hiob im Gefühl
seines Jammers einigemal wiederholt, und der von dem
Chore unterbrochen wird, das halb verwundernd, halb
unwillig frägt: ‚Quale mai voce dolente d' uomo misero‘
etc.? — Beides ist trefflich ausgedrückt und insonderheit ist das leise Klaggetön des Hiob, das eine sehr ein-
fache, heimliche Melodie hat, sehr herzangreifend, und
der grosse kirchliche Leitton der kleinen Sexte vor der
Dominante D von Gmoll auf ‚dolori‘ bringt ungemein
viel Natur in den Gesang des Menschen, der ermattet
und kraftlos nicht mehr frei und kühn anstreben kann,
hinan soll und nicht mehr vermag. So etwas ist Meisterzug. Ich hätte gewünscht, dass Herr Lehmann, — der
übrigens die ganze Rolle brav und ganz nach der allmählig sich verändernden Gemüthsbeschaffenheit des Hiob
sang, und besonders die treffliche Arie mit der obligaten
Flöte, ‚Sento novello giubilo‘, ungemein gut executirte —

gerade in jenem feierlichen Satze keinen so lebhaften Triller auf ‚svani‘ und ‚non (d’ uom sembianza non ho)‘ geschlagen, und allenfalls den Componisten darin verbessert hätte, wenn dieser ihn ja hier über eine so lange Schlussnote hingesetzt haben sollte. Der Leidende, welcher zuvor kaum einige Töne in engen Intervallen fortschleppt und hintennach einen so schmetternden Triller hören lassen kann, von dem möchte man wohl eher glauben, dass seine Krankheit eine Schulkrankheit ist. Eine Verzierung zu rechter oder unrechter Zeit angebracht, ist gar nicht so etwas Unerhebliches, als Mancher wohl glauben mag, der sich hier allenfalls über diese lange Anmerkung von einem Triller wundert. Es gibt Situationen, worin ein Mensch durchaus nicht trillern kann; und melodische Verzierungen schmücken manchmal einen ernsthaften edlen Satz eben so wenig, als dem ernsthaften Mann eine modische Halskrause kleidet, welche der Gott Momus jungen Schmuckebolden um das weiche Kinn herum schleift.

Die Arie der Sara, ‚E Follia d’ un alma stolta in quel Nume aver speranza‘, worin der Componist sehr glücklich Bitterkeit und verächtelnden Uebermuth gelegt hat, hat Mad. Bachmann gut und rein vorgetragen. — Einige, dem Herrn v. Dittersdorf eigenthümliche Fehler, das unzeitige Passagiren etc. abgerechnet, ist die Arie des Hiob: ‚nella polve, nel duolo (worauf leider wieder getrillert wird) nel pianto Grido a te, Signore, peccai‘, eine der schönsten und rührendsten. Man kann auch die darin vorkommenden Sätze: ‚Che farò? — Tu giusto — tu santo‘ nicht bedeutender und kräftiger ausheben, als hier geschehen ist. Herr L. sang sie ebenfalls sehr brav.

Das Recitativ des Hiob von ‚ah, voi vedete in quale

stato io non' bis ,ne accrescete il dolor di mie ferite'
hat einen in kurzen Zwischensätzen und in guten Grund-
accorden sich auf und nieder bewegenden Bass, der,
weil er fast isolirt ist, die Aufmerksamkeit ungemein
spannt und Interesse erregt. Wenn er so allein geht
und allenfalls die Violinen, aber beide im Einklange
oder in gleicher Lage, einen gezogenen, mahlerischen
Satz nachspielen, dann kann dies zum Ausdruck des
stillen Feierlichen sehr viel beitragen und, bei erhöhter
Aufmerksamkeit, kann man so sehr leicht auf grossen
Sinn vorbereitet werden. Naumann z. B. hat diese Figur
öfters glücklich in seiner Cora angebracht. —
In der Scene des plötzlich erscheinenden Engels ist,
was den Ausdruck der Musik betrifft, ungemein viel
Lichtes und Klares. Dass Dittersdorf die Begleitung so
sehr in die Höhe hält, die Figuren im Accompagnement
so einfach seyn und die Trompeten und Pauken so
olympisch von fern durchhallen lässt, verräth viel Oekonomie und ist ganz dem Sinne und der Ahnung von Engels-
gegenwart angemessen. In der drauf folgenden Arie,
die der liebliche Engel den Sterblichen vorzusingen sich
gefallen lässt, lebt und webt die helle Freude, dess, dem
im Himmel wohl ist, und der dies Gefühl mit auf die
Erde bringt. Dem. Schmalz sang sie so gut, dass ich
wohl wünschte, sie möchte das Bravo vom Engel selber
hören, welches ihr gewiss Jeder im Concert ertheilte, und
das ich ihr für meine Person, hier noch öffentlich zu-
rufen muss. Wenn diese Sängerin so mit edlem Studium
fortfährt, und immer auf dem reinen Wege der Natur
bleibt, — wovon sie denn erst neulich, im grossen
Concerte der Herren Kunzen und Braun, eine schöne
Probe in einem herzigen Adagio von Naumann abgelegt

hat — so wird es dereinst zweifelhaft werden, ob die Bewunderung vor inniger Rührung wird aufkommen können.

Ueber das Duett der Sara und des Hiob will ich lieber ganz hingehen, weil es doch nur von lauter Stellen aus dem Duett des Ahasverus und der Esther zusammengesetzt ist. So ist auch der Chor: ‚Cantiam, cantiam le lodi‘ etc., so angenehm er sich auch anhört, nichts weiter als eine fast wörtliche Wiederholung des Chors: ‚Certo di lodi tessera‘. Nur muss ich dies Eine noch im Allgemeinen dabei anmerken, dass hier, wie fast in allen mehrstimmigen Sachen Dittersdorf's, in Duetten, Terzetten etc., die reinen und umgekehrten Imitationen gar zu häufig vorkommen, und dass beinahe alle Figuren bei Passagen auf einer Folge von Septimen beruhen; eine Wendung, die man seit Graun längst zum Ekel hat, und welcher andere unserer besseren Componisten, ein Schulz, Reichardt, Naumann, Kunzen u. A. sorgfältig aus dem Wege gehen. In dem vorgeblichen Quintett, was dem letzten Chore vorangeht und das übrigens sehr viel Charakter im Basse hat, der sich in kurzen auf- und niederstrebenden Sätzen bewegt, kommt das Alles die Hülle und Fülle wieder vor; und das ist sehr unangenehm.

Aber was soll man zum Preise des letzten Chores sagen? Er ist ein wahres Meisterstück. Grosser, hoher Ausdruck, künstliche und doch nicht überladene Verschlungenheit in den accompagnirenden Stimmen, kühne und überraschende Modulation, heben es über viele andere — und über alle Chöre im ‚Hiob‘ hinweg. Und die grosse, edle und streng gearbeitete und vortrefflich durchgeführte Fuge auf die Worte: ‚Al Redentore‘, wobei man, vor all der Herrlichkeit der Kunst, durchaus nicht zu einer ästhetischen Anmerkung kommen kann, — ist ganz in Händel's Geiste geschrieben und reisst den Kunstverständigen zur innigen Bewunderung, so wie den blossen Zuhörer, auf den ein grosses Werk wenigstens einstürmt, zum Erstaunen hin. Der Mann, welcher ein solches Werk aus sich selbst hervorzurufen vermag, der kann viel, wenn er — will.

Uebrigens kann man nun abermals auch an diesem Stücke ersehen, was die dramatische Form geistlicher Oratorien zur höheren Wirkung der Musik beizutragen vermag, und welch' weites Feld dieselben der Kunst darbieten. Die biblische, insonderheit die ältere Geschichte enthält manchen Gegenstand, der sich sehr gut auf solche Weise bearbeiten lässt und auch, von mehreren, mit verschiedentlichem Erfolg bearbeitet worden ist. Von unseren besseren Dichtern liesse sich erwarten, dass sie sich auch zu solchen Werken begeistern liessen, wodurch den Künstlern Gelegenheit gegeben würde, etwas Grosses hervorzubringen, was hohe religiöse Kraft enthielte und den ernsten und ungebundenen Kirchenstil mit dem edleren Concert- und Theaterstil in schöne Vereinigung brächte. Freiheit in der Form ist ja jetzt mehr, als zu irgend einer Zeit, und wir leben jetzt nicht mehr in den Zeiten Händels, wo man ihm anfangs das Dramatisiren biblischer Geschichten für Entweihung der Religion anrechnete.“

III. Cantaten, Messen etc.

3.20. Cantate für eine Singstimme und Orchester. December **1765**, Grosswardein. (Selbstbiographie S. 142.)

321. Cantate für vier Singstimmen, Chor und Orchester. Der lateinische Text von Pichel. December 1765. Grosswardein.

„Obgleich die Musik dieser Cantate — denn es war meine erste grosse Singarbeit — nicht weit her war, so gefiel sie dennoch, und ich profitirte wenigstens dieses dabey, dass ich dadurch bey künftigen Fällen vor dergleichen unüberlegten und den Text unangemessenen Gängen, als ich sans rime et raison hier reichlich angebracht hatte, mich hüten und sie vermeiden lernte. Da ich eines Tages Pichel meine Unzufriedenheit mit der Musik in Bezug auf den Text äusserte, so legte er einen andern Text unter die Arien und Chöre, der für die Kirche taugte, ohne auch nur eine Note meiner Partitur zu verändern. Es entstanden daraus Motetten, die beständig wechselweise in der Domkirche aufgeführt wurden." (Selbstbiographie S. 143.)

322. Cantata Clori e Nice, a 2 Soprani, 2 Viol., Vla., Basso, 2 Ob., Fag., 2 Corni. Br. Suppl. 1778.

323. Cantata Silenzio o Muse a Soprano, 2 Viol., Vla., Basso, 2 Ob. 2 Corni. Br. Suppl. 1778.

324. Cantate auf Lichtmess: „Die richtig vor sich gewandelt", nebst einer Ode zur Auferstehung. Mit obligater Flöte, 2 Ob., 2 Hörner, Streichquartett, Orgel und Cembalo, 4 Singstimmen. (Die Orgel ist in es-moll, das Cembalo in f-moll notirt.)

Part. u. Stimmen a. d. Kgl. B. Berlin.

325. Cantate auf das glorreichste Geburts-Fest Seiner Majestät des Königs. In Musik gesetzt vom Ritter Carl von Dittersdorf. Im Concert der Musik-Liebhaber zu Berlin aufgeführt. Sprechende Personen:

Apollo, Minerva, Calliope, Preussens Genius, Chor.
Berlin, gedruckt bey Christian Sigismund Spener.
1781. Anfang: Apoll „Verweilt noch, lobreiche
Schwestern". Textbuch. Kgl. B. Berlin.

326. *Missa in C* a Soprano, Alto, Tenore, Basso, 2 Violini,
Viola, Contrabasso, 2 Oboi, 2 Clarini, Timpani.

Kyrie  Kgl. B. Dres-
den. St.

327. *Missa 4 vocum* cum instrumentis. C.

 H.-B. Wien.
Part.

328. *Missa in D* a Canto, Alto, Tenore, Basso, 2 Viol.,
Vla., 2 Ob., 2 Clarini con Organo.

Viol. I  Kgl. B. Berlin. Part.
Dombibliothek in
Breslau. St.

329. *Missa gratiosa* 4 Vocum, 2 Viol., Vla., 2 Oboi,
2 Clarini Organo et Violone.

Viol. I. Tarde.  Dombibliothek
Breslau. St.

330. *Kyrie et Gloria* a Canto, Alto, Tenore, Basso, 2 Viol.,
2 Corni, Violone, Organo concertante.

Viol. I. *Adagio molto*

Dombibliothek Breslau. St.

331. *Offertorium* a Canto, Alto, Tenore, Basso, 2 Viol.,
2 Ob., 2 Clarini, Timpani in *C*, Organo.

Viol. I. *Adagio*

Dombibliothek
Breslau. St.

332. *Offertorium* „Plaude turba angelica" a 4 voci, 2 Viol.,
Vla., 2 Ob., 2 Clarini, Organo et Violone.

Viol. I. *Allo. molto..*

Dombibliothek
Breslau. St.

333. *Offertorium* „Ad hoc festum prosperate" a 4 Voci,
2 Viol., Vla., 2 Corni, Organo et Contrabasso.

Viol. I. *Andante vivace.*

Dombiblio-
thek Breslau.
St.

334. *Offertorium* de B.[eata] M.[aria] V.[irgine] „Ave
Maria", a 4 Voci, 2 Viol., Vla., 2 Ob., 2 Corni,
Organo et Violone.

Viol. I. *Vivace.*

Aria

Dombibliothek Breslau. St.

335. *Motetto pro Offertorio* in honorem S. Joannis Nepo-
muceni a Canto, Alto, Tenore, Basso, 2 Viol., Vla.,
2 Clarini in *C*, Violone con Organo.

Viol. I. *Allegro.*

Aria

Dombibliothek
Breslau. St.

336. *Regina coeli* per Soprano primo, Soprano secondo, Alto, Tenore e Basso, Violino I u. II, e Organo.
Stadtbibliothek Breslau. St.

337. *Ein Requiem.* (Erwähnt vom Probst Hermes in seiner Analyse der Metamorphosen-Sinfonien).

IV. Einzelne Lieder und Arien.

338. **Das Mädchen von Kola, ein Gesang Ossians, in Musik gesetzt vom Herrn Ditters von Dittersdorf. Leipzig, Breitkopf.** „Mädchen von Kola, du schläfst."
(1795. Gerber, a. a. O.)

339. *Aria in G-dur* „Jo non so perchè mi palpiti" p. Soprano, 2 Viol., Vla., Basso, 2 Fagotti.
Kgl. B. Berlin. St.

340. *Arie für Sopran.* 2 Violini, Vla., Basso, Flauto, 2 Corni. „S' è ver' che m' ami."
Kgl. B. Dresden. St.

341. *Aria in A-dur* „Quanto mai felici siete" p. Soprano, 2 Viol., Vla., Basso, 2 Corni. Kgl. B. Berlin. St.

Urtheile über den allgemeinen Charakter von Dittersdorf's Musik.

D. Schubart sagt in den „Ideen zu einer Aesthetik der Tonkunst. 1806" S. 234: „Ditters, ein Schlesier und berühmter Symphoniencomponist. Er hat eine ganz eigenthümliche Manier, die nur zu oft ins Burleske und Niedrigkomische ausartet. Man muss oft mitten im Strome der Empfindung laut auflachen, so buntscheckige Stellen mischt er in seine Gemählde.· Nicht leicht dürfte

einem Componisten die komische Oper besser gelingen,
als diesem: denn das Lächerliche versagt ihm nie."
Allgemeine Musikalische Zeitung, Jahrg. III, S. 377:
„Der vorzüglichste Volkscomponist ist unstreitig Dittersdorf. Ihm wäre es möglich gewesen, Deutschlands Ehre
gegen den wohl nicht unverdienten Vorwurf der Aus-
länder zu retten: dass der Hang zum Komischen in uns
rege geworden sey, ohne Anlage dazu und einen rich-
tigen Begriff davon zu haben. Seine Einsichten in das
innere Wesen der Musik und seine Kenntnisse überhaupt
waren nicht gemein. Die Natur hatte ihn mit musikalischem Witz und mit einem sichern Gefühl aus-
gestattet, das ihn den ächten Ton der musicalischen
Laune selten verfehlen liess. Diese Eigenschaften wären
bey dem ungeheuren, verdienten Beyfall, den seine Werke
erhielten, für den Geschmack nicht bloss an, sondern
auch in der Musik, sehr nützlich geworden. Allein er
schrieb theils zu viel, theils gab er auch dem allgemeinen
Hange zu gemischten Compositionen zu sehr nach, und
überdies führte ihn sein Unstern mehrentheils zu ab-
geschmackten, poetisch schlecht ausgeführten Sujets, wobey er vielleicht (doch oft vergebens) hoffte, den Mann
von Bildung durch seine gefällige Musik zu täuschen
und ihn gegen Ueberdruss zu schützen. Auch er liess
sich also von dem Vorurtheil hinreissen, der Text einer
Operette sey eine ziemlich gleichgültige Sache."

Personalien.

Ueber Dittersdorf's Persönlichkeit liegen einige Zeug-
nisse von Zeitgenossen vor. J. E. F. Arnold schildert
ihn in seiner „Gallerie der berühmtesten Tonkünstler,

Erfurt 1816" [1]), folgendermassen: „Seine Gesichtsbildung
war edel. Ein gerader Blick, tief fixirend, eine hohe
Stirn voll Adel und Würde, die mit ihren Zügen impo-
nirte, ohne abzuschrecken, edler Anstand eines Mannes,
der sich im Umgange der Welt und ihrer Grossen gebildet hat, gaben seinem schlanken Wuchse eigenthümliche Grazie."

Die „Chronik von Berlin oder Berlin'sche Merkwürdigkeiten. Eine periodische Volksschrift. Herausgegeben von Tlantlaquatlapatli" (H. W. Seyfried) 1788 ff.
weiss in Bd. III. S. 1038 zu berichten: „Ausser den
grossen musicalischen Talenten bekleidet zugleich Dittersdorf den rechtschaffendsten Charakter. Er besitzt nicht
den unleidlichen Künstlerstolz, welcher leider sonst zum
Modetone wurde. In seinem Umgange herrscht desto
mehr wahre Offenherzigkeit. Prahlereien, einfältige Ge-
schwätze sind ihm verhasst. Er ist gegen den, welcher
es redlich meint, ganz Freund. Aus sich macht er nichts.
Kömmt aber der Fall, so beweiset er mit Handlungen.
Von anderen Tonkünstlern spricht er sehr nachsichtsvoll
und deckt die Fehler mit dem Mantel der Freundschaft
zu. Er muntert angehende Tonkünstler auf und nimmt
von jedem einen vernünftigen Rath an. Spricht er mit
Dichtern und Gelehrten, welche für sein Fach zu arbeiten wünschen, so ist er im Stande, sogleich ihnen
den mannichfachsten Rath an die Hand zu geben. Seine
musicalische Quelle läuft, ganz auszutrocknen, niemals
Gefahr. Solche Geisteskräfte, solche muntere Launen,
solche durchdringende Kenntnisse des menschlichen
Herzens, solcher gesellige Umgang müssen diesen wür-

---

[1]) Die einzelnen Biographien erschienen seit 1803.

digen Tonkünstler noch weit anziehender und liebens-
würdiger machen."

An bildlichen Darstellungen Dittersdorf's sind mir
bekannt geworden:

1. Ein Stich von Riedel. Brustbild, oval. Er erschien
   bei Breitkopf in Leipzig und ist neuerdings ver-
   schiedentlich wieder abgedruckt worden, z. B. im
   8. Heft der Mittheilungen für die Mozart-Gemeinde
   in Berlin (October 1899) und in O. Lessmann's
   „Allgemeiner Musikzeitung", Nummer vom 27. October 1899.

2. Ein Doppel-Medaillon, Dittersdorf und seine Frau
   darstellend, Brustbilder, im Besitz von Herrn
   J. Kastner in·Freiwaldau. Es ist abgebildet im
   „Altvater. Organ des mährisch-schlesischen Sudeten-
   Gebirgs-Vereins. Geleitet von Adolf Kettner in
   Freiwaldau." Nr. 52 vom 20. August 1899.

3. Eine Porträtbüste in Gips, aufgestellt im Saal des
   Königl. Schauspielhauses in Berlin. Der Schöpfer
   war nicht zu ermitteln. Vielleicht Chr. Fr. Tieck?

4. Reliefporträt in Laaser Marmor, modellirt vom
   Bildhauer Thom, auf der am 24. October 1899 ent-
   hüllten Denktafel am Fürstbischöflichen Schloss in
   Johannisberg.

Die lateinisch abgefasste, vom 8. Februar 1770 da-
tirte Urkunde, in der Dittersdorf zum Ritter vom goldenen
Sporen ernannt wird, befindet sich auf dem Archiv des
Domcapitels in Frauenburg (Ostpreussen). Sie stammt,
wie auch die folgenden Documente, die mir durch die
Güte des Herrn Dr. Fleischer zugänglich gemacht
wurden, aus dem Nachlass des jüngsten Sohnes Dittersdorf's.

Das Adelsdiplom ist am 5. Juni 1773 ausgestellt. Es lautet in seinen Haupttheilen folgendermassen: „Wir Maria Theresia von Gottes Gnaden Römische Kaiserin, Wittib, Königin zu Hungarn, Böheim, Dalmatien, Croatien, Slavonien, Galizien, Lodomerien etc. ... [folgt lange Aufzählung aller Titel und Würden]

Bekennen offentlich mit diesem Brief, und thuen kund jedermänniglich; Obwohlen die Königlich- und Erzherzogliche Würde, und Hocheit, darein der allmächtige Gott Uns, seiner väterlichen Vorsehung nach, gesetzet hat, vorhin mit vielen edlen, und adelichen Geschlechtern, und Unterthanen gezieret ist; So sind Wir doch gnädigst geneigt, diejenigen, welche Uns, und Unserm Königlich- und Erzherzoglichen Hause, mit beständiger Geflissenheit zugethan, auch wohlverhalten sind, in höhere Ehr, und Würde zu erheben, mithin andere durch dergleichen milde Belohnungen, zur Nachfolge guten Verhaltens, und Ausübung adelicher Thaten gleichfalls zu bewegen, und anzufrischen.

Wenn wir nun gnädigst angesehen, und betrachtet, die gute, und adeliche Eigenschaften, deren Uns Unser lieber getreuer Karl Dittersdorf, des Fürst Bischofen von Breslau Forstmeister, in dem Neyssischen Antheil, Unsers Herzogthums Schlesien, besonders angerühmet worden; hiernächst auch zu Gemüthe geführet haben, dass desselben Erhebung in den Adelstand, wie er uns selbter allerunterthänigst vorgestellet hat, sein, und deren seinigen zeitliches Glück, und Aufnahm gründen, und befördern würde.

Als haben wir mit wohlbedachtem Muth, gutem Rath, und rechtem Wissen, auch aus Königlich- und Erzherzoglicher Macht-Vollkommenheit, ihm Karl Ditters, die

besondere Gnade gethan, und ihn samt seinen ehelichen
Leibes-Erben, und derenselben Erbens-Erben männ- und
weiblichen Geschlechts, absteigenden Stammes, für, und
für, in den Grad des Adels erhoben, und gewürdiget,
auch zugleich der Schaar, Gesell- und Gemeinschaft,
gleich anderen des heiligen römischen Reichs, auch
unserer gesammten Erb-Königreich, Fürstenthum, und
Landen, recht edelgebohrnen Personen zugefüget, zu-
gesellet, und verglichen, ihme auch das Praedikat, und
Ehrenwort von Dittersdorf gnädigst beygeleget.

. . . .

Und zu mehrerer Bezeigung dieser Unserer Gnad,
und Erhebung seiner in den Stand des Adels, haben Wir
ihm Karl Ditters von Dittersdorf ein adeliches
Wappen, und Kleinod gnädigst verliehen, und solches ins
künftige zu führen erlaubet. Als nemlich einen aufrecht-
stehenden über quer sechsmal, nach der Länge aber
achtmal, blau und gold geschachteten Schild, worinnen
eine zur Rechten stehende weisse Schwanne zu sehen ist:
Auf dem Schilde ruhet ein rechts gewendeter offener ge-
krönter mit einem goldenen Kleinod, und zu Rechten
blau, und gold, zur Linken aber blau, und silber künst-
mässig vermischt herabhangenden Helmdecken gezierter
adelicher Turniers-Helm, worauf die schon beschriebene
Schwanne zwischen zwey mit den Saxen einwärts ge-
wendeten blau, und gold geschachteten Adlers-Flügeln
stehet.

. . . .

Können, und erlauben ihm Karl Ditters von
Dittersdorf, und dessen ehelichen Leibes-Erben,
beyderley Geschlechts, dass sie vorbeschriebenes adeliches
Wappen, und Kleinod, nicht minder die rothe Wachs-

Siegelung von nun an, zu allen künftigen Zeiten, in
allen- und jeden ehrlich- und adelichen Sachen, Handlungen, und Geschäften, zu Schimpf und Ernst, im
Streitten, Stürmen, Turnieren, Gestechen, Gefechten,
Ritterspielen, Feldzügen, Panieren, Gezelten-Aufschlägen,
Insiegeln, Pettschaften, Kleinodien, Begräbnissen, Ge-
mälden, und sonst an allen Orten, und Enden, nach
ihren Nothdürften, Willen, und Wohlgefallen ebenfalls
gebrauchen, und geniessen können, mögen und sollen,
jedoch anderen, so etwan das vorbeschriebene Wappen,
und Praedicat gleich führeten, an ihrem Recht ohne
Nachtheil, und Schaden.

Und ergehet solchemnach an alle, und jede Chur-
fürsten, und Fürsten, geist- und weltliche, Prälaten,
Grafen, Freye, Herren, Rittere, und Knechte, Unser Ge-
sinnen, und Begehren, an Unsere nachgesetzte Obrig-
keiten, Inwohner, und Unterthanen aber, was Würde,
Standes, Amts, oder Weesens, die immer seyn mögen,
hiemit, und in Kraft dieses Briefes, Unser gnädigster
Befehl, dass sie mehrernannten Karl Ditters von
Dittersdorf, seine eheliche Leibes-Erben, männ-, und
weiblichen Geschlechts, für, und für, zu allen Zeiten, als
andere des heil. röm. Reichs, dann Unserer Erb-Königreich, Fürstenthum, und Landen, rechtgebohrne Lehens-
Turniers genossene Edelleute, in allen geist- und weltlichen Ständen, Stiftern, und Sachen, wie vorstehet,
annehmen, halten, zulassen, erkennen, und würdigen,
und sie an oberzehlten unsern Begnädigungen, und Frey-
heiten nicht irren, sondern sie dessen allen ruhiglich gebrauchen, und geniessen, nicht weniger bey dem allen
von Uns, und Unsern nachkommenden Königen, und
Erzherzogen zu Oesterreich wegen, schützen, schirmen,

handhaben, und gänzlich dabey verbleiben lassen, darwieder selbst nicht thun, noch das jemand andern zu
thun gestatten, als lieb einem jeden sey, Unsere schwere
Straf, und Ungnad, und dazu eine Poen, nemlich Funfzig
Mark löthigen Goldes zu vermeiden, die einjeder, so oft
er freventlich darwieder handelte, Uns halb in Unsere
Kammer, und den anderen halben Theil denen Beleydigten
unnachlässlich zu bezahlen verfallen seyn solle.

Das meynen wir ernstlich. Mit Urkund dieses Briefs,
besiegelt mit unserm Kais. Königl. und Erzherzoglich
anhangenden grösseren Insiegel. Der geben ist in Unserer
Haupt und Residenz-Stadt Wien den 5. Monats Tag Junii
nach Christi Unsers lieben Herrn, und Seeligmachers
gnadenreichen Geburt im siebenzehen hundert drey, und
siebenzigsten, Unserer Reiche im drey, und dreyssigsten
Jahre.   M a r i a T h e r e s i a.
Henricus comes a Blumegen
Reg.ae Boh.iae Sup. et. A. A. Prim. Can.
                    Ad Mandatum Sac.ae Caes.o
                    Regiae Mattis proprium.
                    F. S. Greiner."

Interessant ist auch die Kostenrechnung, die der
Agent, der das Nobilitirungsgesuch Dittersdorf's vermittelte, ihm aufstellt:

„B e r e c h n u n g.
Von Empfang und auss wegen des Diploma Von dem
Herrn von Dittersdorff.   Fl. Kr.
            E m p f a n g . . . . . 700 —
            A u s s g a b e.
Erstlich habe denen Bedienten des bewussten
gutten Freunds, damit sie einen nicht warten

Fl. Kr.

lassen oder gar sagen der gnädige Herr ist
zu Hauss geschenckt weil Sie mir auch das
angenehme billet gebracht . . . . . .   1 —
Das wappen mahlen zu lassen 1 25
Lauth der schon überschickten quittung im tax-
Ambt das ordinarium gezahlt mit   . . . 300 —
pro publication in Bohmen, Mahren und Schlesien
auch lauth der schon übersenten Quittung   20 —
für die Stempel in der Cantzeley gezahlt . .   6 —
lauth der Beyliegenden quittung habe im tax-
Ambt wiederum gezahlt 60 45
in die Registrator Lauth neben befindlicher
Quittung 45 30
im tax-Ambt, wiederum à parte wie in gemelter
Quittung zu ersehen nach gezahlt . . . .   8 —
Dem Cantzellisten, so das Diploma geschrieben
habe Versprochenermassen, damit Er solches
Bald und schön abschreibe gegeben Z. H. .   8 36
für meine remuneration . . . . 200 —

Summa 652 44

Nota für Ihro Durchlaucht habe à parte auss-
geleget in seiner eigenen angelegenheit für
einen Wagen im regen Wetter die 2 Briefe
an die H. H. Praesidenten Grafen Blümegen
und Kollowrath gezahlt . . . .   1 —
Briefe für Post porto 2 20

3 20

Empfang 700 fl.   Summa summarum 655 20
aussgab 655 - 20 Kr.

rest 44 fl. 70 Kr.   Mag. von Hoffmann.

mithin kann ich dem H. Advocat Görst ein mehreres nicht übermachen als das übrige p. . fl. 44. — 40 Kr. salvo errore Calculi: je crois, que le comte est juste. ich hatte nicht nachgesehen und gerechnet als ich Ihro Durchlaucht geschrieben, dass ungefehr noch 60 fl. übrig bleibeten, so gehet es, wenn man sehr alt ist und darbey geschwind seyn will."

Im Jahre 1785 erbaute sich Dittersdorf in Jauernig-Freiwaldau ein eigenes Heim. Das stattliche, im Barockstil gehaltene Haus besteht aus Erdgeschoss und einem Stockwerk und ist mit Erkern geschmückt. Es ist noch heute sehr gut erhalten und führt den Namen Dittershof. Abbildung in „Altvater" etc. Nr. 52 vom 20. August 1899.

Als Todestag Dittersdorf's galt bisher immer der 31. October. Dem Comité, das sich in Freiwaldau gebildet hatte, um den hundertjährigen Todestag Dittersdorf's würdig zu begehen, und besonders den Bemühungen des Herrn Adolf Kettner ist es zu danken, dass jetzt der 24. October 1799 als der richtige Todestag ermittelt ist. Das authentische Dokument darüber lautet: „Laut der Matrik der Verstorbenen der Pfarre Deschna (Teschen) Nr. II, pag. 48 ist der hochwohlgeborene Herr Karl Ditters von Dittersdorf, Virtuos und Componist, pensionirter Landeshauptmann des Fürstbischofes von Breslau, am 24. October 1799 i. e. Ein Tausend siebenhundert neunzig neun zu Neuhof, einem Baron Stillfried'schen Landgut, Bezirk Pilgram in Böhmen, im 60. Lebensjahre an einer Contractur gestorben und vom Pfarrer Mathias Pollak am 26. October am Deschener Friedhofe beerdigt worden. Urkund dessen die eigenhändige Namensfertigung und Pfarrsiegel. L. S. Friedrich Kamaryt, Pfarrer."

Eine Abbildung von Dittersdorf's Grabstein mit Kreuz in „Altvater" etc. Nr. 55 vom 1. April 1900.

Das „Neue historisch-biographische Lexikon der Tonkünstler" von E. L. Gerber gibt an, Dittersdorf habe zwei Söhne und eine Tochter hinterlassen. Auch dies ist nicht richtig. Im Testament des Domherrn Karl v. Dittersdorf, des jüngsten Sohnes des Componisten, findet sich folgender Passus: „Ich bemerke demnächst, dass ich der jüngste von fünf Geschwistern bin, dass meine Eltern schon lange todt sind, dass meine sämmtlichen Geschwister, zwei Brüder und zwei Schwestern, vor mir verstorben sind, und keine Descendenten hinterlassen haben, dass mir auch von Collateral-Verwandten meiner Eltern nichts bekannt ist. Da ich also meines Wissens weder Intestat noch gesetzlich nothwendige Erben habe, so halte ich mich befugt, über meinen Nachlass frei und unbeschränkt verfügen zu können."

Ueber die beiden ältern Söhne ist etwas Wesentliches nicht bekannt geworden. Philipp von Dittersdorf war im Jahre 1802 Registrator, Gotthard von D. zu derselben Zeit Praktikant in fürstbischöflichen Diensten, wie ein Schematismus von diesem Jahr bezeugt (vgl. „Altvater" etc. Nr. 55 vom 1. April 1900). Dagegen ist des schon erwähnten jüngsten Sohnes, Carl v. D., ausführlich gedacht in den Nr. 23 und 24 des „Kathol. Kirchenblattes für die Diözesen Culm und Ermland", 1867, in J. Bender's „Festschrift des Kgl. Lyceum Hosianum zu Braunsberg" vom Jahre 1868, sowie in desselben Autors „Geschichte der philosophischen und theologischen Studien in Ermland". Braunsberg. 1868, S. 165 ff. Er wurde am 24. Juni 1793 zu Johannisberg geboren. Nach dem Tode des Vaters nahm sich der Fürstbischof

Jos. Christ. v. Hohenlohe-Bartenstein seiner an. Er besuchte das Gymnasium in Breslau und studirte dort seit 1813 auf der Universität Philosophie und Mathematik. Aus der Notiz eines Breslauer Correspondenten der „Allg. Mus. Zeitg." von 1819, S. 788, geht hervor, dass er musikalische Anlagen besass: „Herr Domsänger Hahn, ein schöner Tenor, entzieht leider dem Publicum den Genuss, ihn öfter zu hören . . . ebenso Herr v. Dittersdorf, Sohn des Componisten, auch ein braver Clavierspieler und sehr gebildeter junger Mann. Er widmet sich dem geistlichen Stande, der ihm, seit er ins Alumnat des hiesigen Domstifts getreten, verbietet, thätigen Antheil an den Concerten zu nehmen." Der Eintritt ins Alumnat war bereits 1818 erfolgt; 1819 empfing er die Priesterweihe, wurde zuerst Caplan in Sprottau und 1824 Pfarrer zu Goldberg in Schlesien. 1827 gründete er die Zeitschrift „Von der katholischen Kirche", deren erste Jahrgänge er grösstentheils selbst schrieb. Seit 1825 hatte er das Amt eines zweiten Obern und Spirituals des Alumnats inne, und 1834 ernannte ihn der Fürstbischof vom Ermland zum Regenten des Klerikalseminars in Braunsberg, während ihm das Ministerium zu gleicher Zeit die Professur für Pastoraltheologie am Lyceum Hosianum daselbst übertrug. 1843 siedelte er nach Frauenburg über, wo er am 31. März 1851 als Domherr starb.

Eine Tochter Dittersdorf's, Anna Maria, vermählte sich am 16. September 1800 im Alter von 17 Jahren mit dem Wohlthäter ihres Vaters, dem Baron Ignaz Stillfried, der damals bereits 56 Jahre zählte. Sie starb jung und kinderlos in einem Villenorte bei Wien. Ueber die andere Tochter habe ich nichts in Erfahrung bringen können.

Zwei Abhandlungen.

(Allgemeine Musikalische Zeitung. 1798. S. 138 u. 201.)

Ein Freund des Herrn von Dittersdorf führt mit
diesem, als vorzüglichem und originellem Componisten,
sattsam berühmten Manne, eine musikalische Correspondenz und hat uns, mit Erlaubniss des Herrn v. D.,
diesen Briefwechsel für unsere Zeitung mitgetheilt, in
der Hoffnung, es werde unsern Lesern angenehm und
manchem wohl auch belehrend seyn, die musikalischen
Herzenserleichterungen eines so sehr geschätzten Mannes
zu lesen. Wir sind ganz der Meinung dieses Freundes
des Herrn v. D. und werden deshalb von Zeit zu Zeit
Etwas aus dieser Correspondenz einrücken.

Vor Kurzem kam zwischen diesen beyden Männern
das leider zum Tone der Zeit gewordene Vermengen der
Gattungen in der musik. Welt wie in der roman-
tischen u. s. w. zur Sprache. Man klagte über die
Kirchenmusik in den komischen Opern und über die
komische Opernmusik in den Kirchen; und besonders
auch über das Vermengen des Heroischen und Komischen,
ja Burlesken, in den meisten neueren Operetten. Sollte
es nicht eine Möglichkeit seyn — schrieb Dittersdorf's
Freund —, durch feste Grundsätze die Grenzen des
Komischen und Heroischen in der Musik genau ab-
zustecken, wie man es etwa im Drama gethan hat oder
doch wohl thun könnte? Sollten sich nicht feste Regeln
für junge Componisten festsetzen lassen, wodurch sie jene
üble Mode vermeiden und dennoch — ja desto mehr
wirken könnten u. s. w.? Ohne an dieser artistischen
Streitigkeit Theil nehmen zu können, müssen wir, und

hoffentlich einverstanden mit unsern Lesern — bekennen,
dass diese Fragen gewiss mit sehr vielem Recht an einen
Mann gethan wurden, welcher zugleich Verfasser eines
„Hiob", und so vieler ächtkomischer Theaterstücke ist.
Des Herrn v. D. Antwort auf diese Fragen mag den
Anfang dieser mitgetheilten Correspondenz machen. Eine
förmliche systematische Abhandlung wird man nicht erwarten, da der Briefschreiber — Briefe, und zwar freundschaftliche Briefe schrieb. Diese Vorrede wird man uns
aber verzeihen, da wir die Leser erst in die Sache selbst
führen mussten. Uebrigens lassen wir, um den Raum
zu schonen, mit Erlaubniss des Herrn von D. alles weg,
was nicht zur Sache gehört.   d. Redakt.

Ich habe neulich behauptet, dass allerdings eine
solche Grenzberichtigung mir möglich scheine, und
nun drängen Sie mich, sie sogleich selbst anzustellen.
Das ist ein wenig unbillig, mein Freund. Man kann
von der Möglichkeit einer Sache recht wohl überzeugt
seyn, kann auch allenfalls im Allgemeinen wissen,
wie sie ausgeführt werden müsse, ohne sie deswegen
selbst zu bewerkstelligen im Stande zu seyn. Viele
Kritiker mögen über die Grenzen der Mahlerey und
Poesie nachgedacht und gut geurtheilt haben, ohne
deswegen, wie Lessing, einen Laokoon schreiben zu
können. Wir wollen beyde abrechnen und nachlassen.
Sie fordern von mir vorerst eine gründliche Beant-
wortung der Frage: Worauf ein Tonsetzer bey
dem ernsthaften, und worauf er bey dem
komischen Singspiel hauptsächlich zu
sehen habe. Diese kann ich Ihnen nicht geben.
Lassen Sie aber so weit nach, und nehmen Sie mit

meiner schlichten Meinung, so wie sie sich besonders
aus eigener Erfahrung in mir gebildet hat, vorlieb:
so will ich von meiner Verweigerung nachlassen und
Ihnen meine flüchtigen Gedanken, so wie sie mir in
den Kopf kommen, vorlegen.

Zuerst im Allgemeinen, worüber wohl kein Streit
ist und was sich von selbst versteht: der Componist,
der ernsthafte, wie der komische, muss wahr schreiben.
Nun ist aber das Gedicht, das er bearbeitet, seine
Welt, die er darstellen muss. Folglich muss er die
Charaktere seines Dichters vor allem genau studiren
und sich in diese hineindenken und hineinempfinden —
wenn ich so sagen darf. Da findet er erst denn den
groben Unterschied der Charaktere, z. B. eines idealen
oder eines gemeinen Liebhabers und der Aeusserungen
dieser Charaktere — jenen in der ernsthaften, diesen
in der komischen Oper. Sodann findet er die feinen
Unterschiede selbst unter den idealen Liebhabern der
ernsthaften Oper unter einander, und der ge-
meinern der komischen Oper unter einander.
Vergleichen Sie, um mich zu verstehen, etwa den
Liebesantrag des Aenea und den des Jarba in Metastasio's „Didone abbandonata", und Sie finden
zwey ideale Personen, welche sich über einerley Gegenstand äussern, aber himmelweit verschieden. Dasselbe ist natürlicherweise mit allen andern Leidenschaften. Dieser Vorschrift des Dichters muss nun
der Componist streng folgen: und, so wie dieser
durch andere Ausdrücke und Wendungen seine Personen charakterisirt und individualisirt, so muss Er
dies durch sein Mittel — durch verschiedene Modu-
lationen. Wenn dies noch eines Beweises bedürfte,

so könnte man ihn hernehmen von der Verschiedenheit der Absichten des ernsthaften oder des komischen Singspiels. Ich gehöre nicht unter die Rigoristen, welche alles Tändelnde aus der ernsthaften, und alles Erhabene aus der komischen Oper verweisen wollen: aber, nicht nur dass sich der Componist jenem dort, diesem hier, nicht oft und nicht lange überlassen darf — so sollte er auch in dem Tändelnden seiner ernsthaften Oper nicht so tief sinken, nicht so gemein werden als in der komischen: und in dieser sich nicht so hoch aufschwingen, nicht so alles, was seine Kunst für Mittel des Erhabenen und Grossen hat, von allen Seiten aufbieten und mit Gewalt zusammenpressen.

Bey der ernsthaften Oper ist es eine Hauptforderung an den Componisten, neue, fremde, wohlüberlegte Sätze aufzufinden, und diese immer so zu coloriren, dass der Zuhörer, eben durch diese Neuheit — nicht nur in Aufmerksamkeit erhalten, sondern in Empfindung fortgerissen werde. Hier ist aber die bekannte Klippe, woran auch viele sonst berühmte und verdienstvolle Männer gescheitert sind: sie glaubten jene Absicht durch Uebertäubung und Ueberfüllung zu erreichen; und die Zuhörer — nun ja, die sehen dann den Wald vor lauter Bäumen nicht, wie Wieland sagt. Statt dessen sollte man hier (jene Haupterfordernisse vorausgesetzt) im Accompagnement und in allen Nebendingen so einfach, als möglich seyn, damit der Sänger in der Freiheit seines Vortrags in Verzierungen u. s. w. nicht zu sehr beschränkt würde. Denn es ist vergebens, wenn man ihn durch grosse Fülle der Harmonie u. s. w. bloss auf das Vorgeschriebene beschränken will; und so entstehen dann Verzierungen der Verzierungen — ein Chaos, das am Ende unausbleiblich wird, und jeden vernünftigen und natürlich empfindenden Mann geneigt macht in den jetzt so lauten Tadel mancher grossen Genie's, welche ihre Grübeleyen zum Nachtheil des Gesanges prävaliren liessen — mit einzustimmen.

Ganz anders scheint mir's dagegen bey der komischen Oper zu seyn. Hier hat der Componist mehr Spielraum und kann seinen Launen und Einfällen freyeren Lauf lassen. Es gibt daselbst vollstimmige Sätze, in welchen er sein Instrumentalspiel ohne Scheu kann glänzen lassen, ohne die Sänger dadurch zu verdunkeln und zu übertäuben. Wie aber der ernsthafte Componist hauptsächlich durch Neuheit der Ideen zu interessiren suchen musste, so — ich wage es geradezu zu sagen — so wird der komische Componist desto mehr interessiren, je mehr er ganz leichte und dem Publikum sogleich fassliche, leicht nachzuträllernde Sätze anzubringen verstehet. Es ist an und für sich selbst klar, dass er, wenn er wirklich Genie besitzt, auch bey solchen Sätzen Gelegenheit finden wird, durch Instrumentalbegleitung, durch Wendungen u. dgl. dem gebildeten Zuhörer Etwas zu geben. Doch hätte er sich dabey nicht zu tief herabzusenken und dergleichen Gerichte zu oft aufzutischen: denn — omne nimium vertitur in vitium, und hier kann man gar leicht ins Nimium verfallen.

Carl von Dittersdorf.

(Der Beschluss folgt.)

(Fortsetzung aus dem 9. Stück.)

Mein lieber Freund!

Wir sind Spaziergänger und keine Postboten — nehmen also nicht überall die abgesteckte Strasse, sondern schweifen ein wenig ab, wo uns etwas Interessantes aufstösst, ohne uns jedoch ganz zu verirren. Es kann der Fall eintreten — und er tritt wirklich oft ein —, dass ein deutscher Componist eine italienische Opera seria oder buffa in Musik setzen soll: lassen Sie mich heute Einiges hersetzen, worauf er besonders hier zu achten hat, weil gar viele deutsche Componisten sich da versündigt haben und noch immer versündigen. Manches ist überdies auch auf das deutsche Singspiel anwendbar.

Kein deutscher Tonsetzer, der bloss ziemlich italienisch verstehet, sollte darum es wagen, einen italienischen Text zu bearbeiten, ohne erst die Regeln der italienischen D i c h t k u n s t sich ganz eigen zu machen, oder einen gebildeten Italiener — wenigstens einen Mann, welcher die Dichtkunst dieser Nation von Grund aus verstehet, fast bey jedem Worte zu Rathe zu ziehen. So machte z. B. vor einiger Zeit ein grosser deutscher Componist in einer einzigen Zeile drey unverzeihliche Fehler. Er setzte:

E voglio al fi-ne   ai mi-ei marti - ri e al mondo etc.

Krebs, Dittersdorfiana.

anstatt:

E   vo-glio al fine ai miei martiri e al mondo etc.

Denn bekanntlich machen alle zusammentreffenden Vocalen in der italienischen Poesie nur eine Sylbe aus, und zwar meistentheils nur eine kurze — worin sogar Frag-, Ausrufungs- und andere Distinctionszeichen keine Abänderung machen. Daher wird obiger Vers so scandirt:

Ĕ vōgliŏ al fīnĕ ai mĭēi mărtīri ĕ al mōndŏ etc.

Hauptsächlich hüte sich der Componist, das italienische Sylbenmaas nach dem lateinischen zu beurtheilen. Die Tochter ist hierin der Mutter sehr unähnlich geworden. So sagt z. B. der Lateiner: sīmĭlĕ; der Italiener: sĭmīlĕ; jener hūmĭlĕ, dieser ŭmīlĕ; jener Eŭrīdĭcĕ, dieser Eŭrĭdīcĕ u. s. w. Daher hab' ich mich nicht wenig scandalisirt, als ich las, dass nur erst neulich wieder der unverständige naseweise Verfasser der periodischen Schrift: „Chronik von Berlin oder Berlinische Merkwürdigkeiten" (erstes Bändchen, Berlin 1789 bey Petit und Schöne) den grossen Gluck schlecht behandelt, weil er Eŭrĭdīcĕ scandirt hätte.

Ich hätte wohl Lust, noch Manches über das leidige musikalische Nachmalen der Malereyen der Dichter zu sagen; denn noch immer machen so viele Componisten auch hierin keinen Unterschied, ob der-

gleichen Stellen in leidenschaftlichen Monologen oder
in Erzählungen vorkommen; ob sie blosse Gleich-
nisse, oder Darstellungen der Thatsachen sind u. s. w.,
und lassen das Orchester frischweg donnern, wo sie
nur das Wort Donner antreffen: aber der würdige
Engel hat dies Alles in seiner schönen Abhandlung
über die musikalische Malerey so gut ausgeführt und so elegant gesagt, dass ich kein Wort
darüber wage, und nicht begreifen würde, wie man
noch immer, auch in diesem Betracht, solch albernes
Zeug schreiben kann, wenn ich nicht wüsste, dass
die meisten jetzigen Componisten nichts über ihre
Kunst studieren — sogar nichts darüber lesen. Eine
kleine hieher gehörige Anekdote fällt mir ein.
Jedermann weiss, dass in Venedig die Gondelführer
oftmals über die daselbst aufgeführten Opern ent-
scheiden. Ein ungeschickter — leider, deutscher
Componist hatte bey dem Worte: istante (Augenblick) in einer Arie:

> E in quell' istesso istante
> Un fulmine improviso —

eine Fermate gesetzt, um der Kehle des Sängers
Spielraum zu Schnörkeleyen zu geben. Der eben so
unwissende Sänger bediente sich dieser Freyheit weid-
lich, gurgelte Alles ab, was seine Kehle hergeben
wollte, und schloss mit einem gewaltigen Trillo sospeso.
Das liebe Publikum war entzückt und rüstete sich
zum Klatschen, als ein alter Gondelführer von der
obersten Gallerie herab in schrecklichem Bass rief:

> Coglione! Il parla d'un istante, e ci fa star un'
> ora per sentir un mondo di passaggie e trilli!

(Dummkopf! Er spricht von einem Augenblick

und hält uns eine Stunde auf, eine Menge Läufer
und Triller anzuhören!)

Was konnten die — K e n n e r hier Besseres thun,
als die schon aufgehobenen Hände still und säuber-
lich in die Taschen stecken? —

Erlauben Sie mir zu diesem Briefe, obschon er
eigentlich selbst nur Postscript ist, doch noch ein
Postscript hinzuzusetzen. Es bezieht sich auf meinen
heutigen ersten Satz und betrifft den Artikel „V e r -
r ü c k u n g“ in S u l z e r 's Theorie der schönen Künste
S. 1218 und 1219 [1]). Ein böser Dämon muss über
S u l z e r 's musikalischem Mitarbeiter gewaltet haben,
als er in jener Stelle eine Opernarie von G r a u n :
„Guerrier forte non perdona“ — als Muster seiner
geschickten „Verrückungen“ anpreisst, und dagegen
eine Stelle des meiner festen Meinung nach unsterb-
lichen P e r g o l e s i in dessen Stabat mater: „Cujus
animam gementem“ — nicht nur herabwürdiget,
sondern behauptet, jedem Sprachkenner müsse bey
Anhörung derselben die Haut schaudern, ja das ganze
Stabat mater für ein fehlerhaftes und schlechtes Werk
erklärt. Schon die erste Note bey Guerrier forte —
ist falsch, da die erste Sylbe kurz, die zweyte hingegen lang ist: nicht guērriĕr, sondern guĕrriēr.
G r a u n hat also so sehr gefehlt, als der Dichter, wie
ich oben bewiesen habe. Die Worte der Arie sind
auch nicht vom M e t a s t a s i o; denn ich finde sie in
dessen sämmtlichen Werken nicht und traue ihm

---

[1]) A n m e r k u n g d e s R e d a c t e u r s: Der Herr Verfasser citirt
nach einer älteren Ausgabe des Werks. In der neuesten, von
B l a n k e n b u r g herausgegebenen befindet sich die Stelle, von
welcher die Rede ist, im 4. Th. S. 635—56.

nicht zu, einen so groben Fehler gegen Scandirung
gemacht zu haben. Nur zwey Strophen fängt er mit
Guerriero an, und zwar im dritten Act der Oper
„Antigono". Indessen würde Graun jenen Fehler
des Dichters wenigstens scheinbar vermäntelt haben,
wenn er etwa folgenden Rhythmus gewählt hätte:

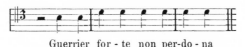

Guerrier for - te non per-do - na

Freylich würde da seine Verrückung bey den
Worten: Forte non per — weggefallen seyn. Allein
ich mag diese auch betrachten, wie ich will: ich finde
keine Schönheit daran. Diese erscheint mir aber bey
Pergolesi's: Cujus animam gementem. Wahrscheinlich hat der Verfasser dieses Artikels beym Sulzer
bloss gerechnet, als er jene Stelle niederschrieb.
Da hat er denn herausgebracht: — eine Viertelnote
dauert noch einmal so lange, als eine Achtelnote:
folglich ist jene lang, diese kurz; Pergolesi hat
eine lange Sylbe unter ein Achtel, eine kurze unter
ein Viertel gesetzt: folglich hat er gefehlt. Nach
den Regeln der Arithmetik hat der Verfasser recht,
wenn er Pergolesi'n so verbessert.

Cu - jus a - ni-mam ge - men-tem

Pergolesi, dem sich wahrscheinlich seine Melodie erst auch so darstellete, wollte aber einen
malerischen Druck auf gementem und pertransivit
legen, mithin schöner schreiben:

Cu - jus   a - ni - mam ge - men - tem

Nun band er sich aber etwas allzu knechtisch an die Regel, dass zwischen getrennten Sylben eines Wortes keine Pause stehen dürfe, und schrieb also:

Cu - jus   a - ni - mam ge - men - tem

in der Zuversicht, dass ein verständiger und geschickter Sänger ihn verstehen und die Stelle nach seinem Sinn vortragen werde. — — —

Carl von Dittersdorf.

Analyse de XII. Métamorphoses

tirées d'Ovide, & mises en musique par

Mr. Charles Ditters de Dittersdorf.

C'est avec zèle pour un des plus beaux ouvrages,
que je m'acquitte d'un devoir dont je me suis chargé
dans plusieurs gazettes, & nommément dans celle de
Leyde. J'ai annoncé 12. métamorphoses composées par
Mr. de Dittersdorf, & j'ai promis d'exposer au public le
but que s'étoit proposé le compositeur, comme aussi de
m'expliquer sur l'effet de chacune de ces Sinfonies, uni-
ques dans leur genre. Je n'ai aucun réciproque avec le
libraire; mon ami lui a vendu le manuscrit: par conséquent je ne puis guères mettre la main à la plume dans
le dessein de faire gagner l'un ou l'autre, le nombre des
Souscrivans étant déjà assez considérable pour qu'il y
ait rien à craindre. Mais les idées qu'on se forme dans
le public sur la nature de cet ouvrage, se trouvent être
si vagues, qu'à-moins d'être rectifiées, elles pourroient
se laisser aller à l'erreur de faire croire, que ce que j'ai
qualifié de chef-d'œuvre ne pourra au fond se distinguer
que très-peu d'avec telles compositions caractérisées, que

les connoisseurs doivent dédaigner vû les puérilités qui
en font l'essentiel & que l'on vante comme autant d'imi-
tations de la nature. Qu'il me soit donc permis de
m'énoncer naturellement sur ce que j'ai senti lors qu'un
Orchestre, digne de produire ces Sinfonies, c'est-à-dire
celui de Johannisberg, formé par Mr. de Dittersdorf,
les a exécutées sous sa direction. Il est vrai que je
pourrois en appeller au sentiment des connoisseurs à
Vienne, où mon ami vient de donner cette même musique,
d'autant, que je ne saurois, sans m'exposer à la dérision
publique, m'ériger en juge compétant; Mais comme
l'ouvrage en question ne peut percer jusqu'à l'étranger
à moins qu'il n'y ait quelcun qui en fasse une déscription
quelconque, je vais en parler ici comme j'en parlerois à
un ami qui ne desirât exactement que le jugement d'un
laïque, doué, si vous voulez, d'un tant-soit-peu de théorie,
& sûr de l'organisation de l'oreille. L'on voudra bien
au reste me passer quelques termes d'art, impropres,
barbares peut-être: je me sers d'une langue que je n'exerce
plus depuis bien des années, & me trouve de-plus dé-
pourvu du dictionnaire de Rousseau. Il seroit difficile
de donner une idée générale de ces Sinfonies; & c'est
encore faute de savoir en saisir le vrai caractère, ce qui
n'appartient qu'au connoisseur consommé, que je me
borne à. dire, qu'elles sont le résultat de ce que le
compositeur a senti chaque fois lorsque frappé de la
lecture d'un poème d'Ovide, il a versé sur le papier le
feu dont il se trouvoit enflammé. L'on ne doit donc
chercher ici ni des paroles pour le chant, ni l'histoire
de la fable, ni non plus ces jeux imitateurs dont j'ai
parlé tantôt; Mais je prie qu'on lise la fable de chaque
Sinfonie, soit dans l'original, soit dans une bonne tra-

duction, & qu'alors, mon analyse à la main, on suive l'exécution de la musique; & l'on croira voir, contempler même, l'objet de l'épigrafe de chaque pièce, en tant qu'elle en est susceptible; ou du moins l'on se trouvera pénétré des visions du poète, & agréablement trompé par la plus-ravissante des illusions. Entrons là-dessus dans le détail.

I. Sinf. Les quatre âges du monde.

1. Aurea prima sata est. C'est un Larghetto qui m'a paru convenir divinement bien à la représentation de l'âge d'or. L'harmonie en est d'une exactitude qui répond à l'innocence, à la pureté, & à l'accord plein d'ordre, qui ont dû regner dans cette heureuse époque. Par conséquent le compositeur a eu soin d'éviter les dissonnances & autres difficultés de l'art avec leurs liaisons & solutions, qui n'exciteroient ici que l'admiration, tandis que le cœur n'y prendroit aucun intérêt, ou qu'il cesseroit d'être à son aise. 2. Subiit argentea proles, auro deterior. Cet Allegro plein de pompe, contraste parfaitement avec la pièce précédente. Il peint, pour ainsi dire, le luxe qui peut alors avoir pris la place de la vie simple & uniforme dont il ne pouvoit dès-lors qu'altérer les mœurs douces & tranquilles. 3. Tertia post illam surrexit ahenea proles. Le tempo di minuetto en A mineur, exprime le despotisme de cette époque, après quoi l'Alternativo (j'entens dire le Trio) offre une illusion où l'on croit entendre les plaintes & gémissemens de ceux que la tyrannie aura foulé aux piés. Cette pièce est d'un effet dont les cœurs les plus-distraits entreprendront à-peine de se défendre. 4. De duro est ultima

ferro. Déchirés pour ainsi dire (& ici je ne fuis pas le
maître de l'enthousiasme avec lequel j'écris) déchirés,
comme ils l'étoient, les cœurs sensibles voudront chercher
ici quelque relâche; Mais ils sont surpris & ébranlés par
ce Vivace. C'est un combat qui s'ouvre par une Marche
majestueuse, laquelle, jointe au cris du vainqueur, vous
entraîne dans la mêlée, où toutes les lamentations des
vaincus s'articulent à votre oreille au point d'excéder
les facultés d'une âme susceptible des préstiges de l'art.
J'ajoute que cette première fable, étant presque partout
sans action, traitée comme elle l'est, prépare à toutes
celles qui s'ensuivent, & en fait attendre avec impatience
l'exécution, vû qu'elles sont de nature à admettre toutes
les opérations de l'art lorsqu'il s'applique à copier, non
des tableaux, ni non-plus des sons vides, mais les
mouvemens du cœur.

II. Sinf. La chûte de Phaéton.

1. Regia Solis erat sublimibus alta columnis. Le
compositeur sort de l'Adagio pour se jetter brusquement
dans l'Allegro. Vous croyez avancer à sa main à-travers
toutes les décorations du faste vers ce que l'intérieur du
temple du Soleil a de plus sublime; les portes s'ouvrent,
& éblouïs par la splendeur vous reculez devant l'éclat
de la majesté. 2. Deposuit radios, propiusque accedere
jussit. C'est un Adagio à Fagotto-obligato. Vous croyez
voir Phaéton agenouillé devant Apollon, & le ton extrème-
ment plaintif n'a pas besoin d'interprète; c'est la prière
d'oser conduire le char du Soleil! plus elle vous perce
le cœur, & plus vous craignez qu'elle ne lui soit accordée!
Mais rien de plus expressif que le refus d'Apollon, qui

vous parle par les Forte de la seconde partie, principalement à l'endroit où les Violini Primi ont le Piano,
tandis que les Secundi, Viola & Bassi donnent dans
le Forte. La fin de cet Andante respire l'espérance
renaissante de Phaéton. 3. Pœnituit jurasse patrem.
Le Tempo di Minuetto est l'interprète de l'emportement
d'Apollon courroucé, & de son repentir d'avoir cédé;
& qui n'admireroit pas ici comment le compositeur a su
allier ces deux contraires? & qui pourroit s'empêcher de
partager la joie de Phaéton dans l'Alternativo extravagant, qui se trouve ensuite n'avoir ouvert votre
cœur qu'à l'effet de l'écraser? 4. Intonat et dextra
libratum fulmen ab aure misit in aurigam. Je devois
peut-être me taire sur ce Vivace, car le moyen de faire
concevoir aux lecteurs la profusion de l'art qui y règne?
ils s'attendoient sans doute à l'embarras causé par les
coursiers portant des ornières, à un orage devenant toujours plus terrible, aux torrens de pluie & de grèle, au
tonnerre; & tout cela s'empare de leurs sens moyennant
une modulation très entendue qui change peu-à-peu pour
faire mugir les flûtes, hautbois, cors, & bassons. Mais
ce qui surprend, ce qui met le comble à l'horreur de
l'ensemble, c'est l'éclair, redouté par ceux qui en imaginent
la possibilité. Je n'ai garde d'expliquer comment cela se
fait; il me suffit de prévenir que c'est l'ouvrage d'un
clin-d'œil, & que sur cent auditeurs vous n'en trouverez
pas un seul peut-être, qui se soit douté de l'instrument
d'où sort la foudre, & qui ne s'effraye & ne pousse des
hauts cris au moment que le feu tombe. Il m'a paru
pendant l'exécution de cette Sinfonie, que ce tumulte de
tous les instrumens laisseroit dans l'âme une impression
réellement affreuse, si la pièce finissoit par l'éclair lancé

sur Phaéton; Mais j'ai été agréablement détrompé voyant que le compositeur avoit su obvier à cet inconvénient! il finit par un Adagio amené par la diminution du tonnerre, & qui vous transporte sous un ciel calme & serein.

III. Sinf. Actéon changé en cerf.

1. Cum juvenis placido per devia lustra vagantes participes operum compellat Hyantius ore. C'est le bruit d'une chasse qui finit, & avec lequel les derniers passages de chaque partie de l'Allegro contrastent si bien, que l'on pense s'appercevoir de la lassitude tant des chasseurs que de leurs meutes. Les Violini Primi donnent si à-propos l'illusion du glapissement des petits chiens, que le sentiment de certain Virtuoso envieux, qui prétendoit avoir trouvé ici une imitation basse, a dû naturellement me paroître étrange. 2. Hic Dea sylvarum venatu fessa solebat virgineos artus liquido perfundere rore. L'accompagnement de cet Adagio imite, comme il le devoit, le doux murmure des ondes; & l'on s'est dit à l'oreille, que le Solo de la flûte avoit je ne sais quel charme pour ceux qui se figureroient Diane au bain. 3. Ecce nepos Cadmi! Actéon dans le Minuetto lutte contre l'indécision; doit-il reculer à l'aspect de la déesse? osera-t-il avancer? L'Alternativo montre assez si la témérité a le dessus. 4. Dilacerant falsi dominum sub imagine cervi! C'est un Vivace qui répond merveilleusement à cette epigrafe; ils est très-fougueux.

IV. Sinf. Andromède sauvée par Persée.

1. Caelo clarissimus alto Lucifer ortus erat. C'est, si je pouvois me servir de cette expression un Adagio

nocturne, & je préviens le lecteur sur le beau Solo du
hautbois. 2. Motis talaribus aëra findit. Le contraste,
très-assurément, frappera ici, & l'on admirera les deux
idées jointes, la mer & les airs fendus. Au reste cette
pièce est pleine de feu; ce qui fait penser au courage
de Persée. 3. Nisi quod levis aura capillos moverat,
et tepido manabant lumina fletu marmoreum ratus esset
opus. Cet Adagio n'a pas non-plus besoin d'explication;
c'est, & le moyen de s'y méprendre? c'est, dis-je,
Andromède, qui languit dans les fers. 4. Unda insonuit,
veniensque immenso belua ponto eminet . . . . Ferrum
curvo tenus abdidit hamo . . . . Litora cum plausu, superas-
que deorum implevere domos, gaudent generumque salu-
tant. L'Allegro est le combat & la victoire. Le Minuetto
exprime la joie de ceux qui sont avec Andromède, comme
l'Alternativo peint la tendresse avec laquelle elle remercie
le vainqueur du monstre. Cette Sinfonie en général est
d'une force singulière; je cite pour exemple le mouvement
des Basses dans le dernier Minuetto.

V. Sinf. Phinée avec ses amis changés en rochers.

1. Nec conjugalia festa qui canat est clamor, sed
qui fera nuntiet arma! Il est vrai que cet Andante qui
aproche du Rondeau, paroit devoir convenir aux noces
plustôt qu'au massacre; Mais la devise qui suit: 2. At
ille jam moriens . . . porte le compositeur vers un Allegro
furieusement guerrier, dont l'effet est réhaussé par les
trompettes, & qui finit par la mort de l'un des combattans.
3. Qui pacis opus citharam cum voce moveres, jussus
eras celebrare dapes festumque canendo. Il suffira de
dire, que cet Andante pizzicato à oboë & fagotto-unisone

excitera infailliblement un Ancora! 4. Renovotaque proelia miscet. Gorgonis extulit ora. Le combat recommence par un Allegro-Vivace qui engage dans une affreuse mêlée. Lorsque Persée produit la tête de Méduse, ce dont le bruit coupé fait souvenir, Phinée & sa suite sont changés, & le compositeur voulant donner aux acclamations de joie de la troupe de Persée, quelque chose d'extravagant, & même d'indécent, y a parfaitement réussi. J'invite à examiner le genre dont il s'est servi; c'est selon moi, celui qu'il falloit.

VI. Sinf. Les paysans changés en grenouilles.

1. Agrestes illic legebant vimina cum juncis, gratamque paludibus ulvam. Le noble perce partout dans cette sinfonie, soit que le compositeur n'ait pas voulu y renoncer, de peur de paroître trop trivial sur un sujet qui l'est tant, soit qu'il n'ait plus pu quitter le genre sublime qui caractérise principalement ses dernières productions, telles que Saül (?), Esther, & son incomparable Réquiem[1]) ainsi que les Métamorphoses. Il en est de-même de cet Allegro, qui au reste est absolument dans le goût du bas-peuple. 2. Quem non blanda Deae potuissent verba movere? Je ne sache rien de plus touchant que cet Andante! Les Basses font le refus des paysans, qui devient toujours plus absolu, & à la fin unanime & monosyllabe. 3. Hi tamen orantem perstant prohibere. Le Minuetto convient aux insultes des paysans comme l'Alternativo aux excès de leur insolence, au point qu'on croit voir comment »pedibusque manuque turbavere lacus«.

---

[1]) J'invite les Curieux à en parcourir chez moi la Partition.

4. Vox quoque jam rauca est. La déesse »tollens ad
sydera palmas« implore le ciel dans ce Larghetto qui
est des plus expressifs. Le Vivace rapelle le »distulit
ira sitim«; c'est une fugue pleine de rage & de malé-
dictions dont l'efficacité opère le miracle que les voix
sont véritablement comme enrouées. Il n'y a pas de jeu
ici: il y a tout-ce que l'art peut produire de plus rare.

VII. Sinf. Jason qui enlève la toison d'or.

1. Adeunt regem, Phryxeaque vellera poscunt. Il
faut avoir étudié la fable pour comprendre pourquoi ce
Largo mà non troppo change en un Allegro moderato
des plus pompeux, & pourquoi le Forte-unisono contraste
tant avec les Piano? L'effet de cette pièce est supérieur!
2. Concipit interea validos Aeetias ignes. On doit encore
ici avoir lu le beau soliloque de Médée, & l'on n'aura
pas peine à le retrouver dans le mouvement des Bassi
& Viole dans cet Adagio. 3. Non magna relinquam,
magna sequar. Le Minuetto donne moyennant le com-
mencement de chaque partie, l'idée des »non magna«.
Dans l'Alternativo l'on croit entendre dire à Médée;
»Nihil illum amplexa verebor!« 4. Tetigit cum conjuge
portus. Cette Ciaconna est un chef-d'œuvre! On dit
savoir, que dans les ballets héroïques, principalement
dans ceux du Sr. Noverre, la dernière pièce porte le nom
de Ciaconna. C'est une espèce de Rondeau, mais qui a
sa règle à part. Le Théma (proprement Tutti) doit se
répéter à différentes reprises, avec la différence qu'il est
permis au compositeur, de changer de ton, ou plus tôt
de Mode, dans les Tutti, ce que le Rondeau n'admet
point, quoique l'abus en offre quelques exemples. J'ai

cru devoir donner cette explication quelconque, permis au Connoisseur de l'art, de la rectifier aux auditeurs lors de l'exécution de cette Ciaconna. Ce que je viens d'en observer, tend à montrer, qu'il seroit difficile de rien imaginer de plus propre à représenter la joie des Argonautes, qui se mêlent dans les rangs de ceux dont ils sont reçus en dansant. C'est au reste une des plus superbes Sinfonies.

VIII. Sinf. Le Siège de Mégare.

1. Praetemptaque sui vires Mavortis in urbe. Ce Vivace est d'un stile très-sublime. Les efforts des ennemis qui poussent vers la ville, l'angoisse des assiégés & l'intrépidité des uns & des autres, tout cela m'a transi. Rien de plus efficace surtout que les trompettes disposés de façon à répandre la terreur de tous cotés. 2. Solita est . . . petere, exiguo resonantia saxa lapillo. Cet Andante tend (& vraiment il réuissit) à amuser ceux qui imaginent le jeu auquel la Princesse se plaisoit dans la tour. 3. Laudabat virgo junctam cum viribus artem. Le Minuetto a quelque chose de très-propre à élever l'esprit occupé des idées du poète; & l'Alternativo lui communique les mouvemens de tendresse de Scylla contemplant le héros. 4. Consumptis precibus violentam transit in iram . . . . in avem mutata vocatur Ciris. Le désespoir de la princesse de se voir méprisée, éclate dans l'Allegro assai. S'étant élancée du haut de la tour, elle est comme suspendue en l'air; & je préviens sur la suspension dans l'Andante, là, où l'Andantino du Violino solo se fait entendre. Cette quatrième pièce m'a paru souverainement belle.

IX. Sinf. Hercule changé en Dieu.

Je n'ose m'étendre sur cette Sinfonie. Il n'y avoit
que l'audace de Mr. de D. & la certitude de ce qu'il
vaut, qui eût pu le porter a toucher ce grand sujet. Sa
composition étale tout-ce que je pourrois dire sur cette
sinfonie, seroit toujours au dessous d'elle. En voici
cependant une légère esquisse. 1. Actaque magni Her-
culis implerant terram. L'Allegro doit vous donner une
idée de la grandeur du sujet; il fait plus; il vous ravit:
& le Vivace achève de vous maintenir dans l'extase.
2. Flendoque dolorem diffudit miseranda suum. Quel
Adagio! y-eut-il jamais une plus morne tristesse? »Talia
fando quis temperet a lacrymis!« 3. Incursus animus
varios habet. C'est un Minuetto con Alternativo; il
peint les mouvemens différens d'un esprit troublé jusques
à la frénésie: de la le rire amer immédiatement après
l'excès de la rage, le passage subit de la vengeance à
la pitié &c. 4. Induiturque humeris Lernaeae virus
Echidnae ... radiantibus intulit astris. L'Allegro est une
Fugue, & tout est dit! Qu'on fasse attention sur-tout
à l'effet des Basses. La constitution robuste du héros
met tout en œuvre pour se défaire du poison qui brûle
dans ses veines; il lui succombe, & en est consumé.
L'Adagio est unique dans son genre; surtout la flûte y
est ménagée de façon à reconduire le calme qui avoit
cédé à la véhémence de tant de mouvemens impétueux.

X. Sinf. Orphée & Euridice.

1. Quam satis ad superas postquam Rhodopeius
auras deflevit vates. Cette Sinfonie qui m'a paru plus

Krebs, Dittersdorfiana.

caractéristique que les précédentes, commence par un
beau Larghetto composé des accens les plus douloureux
de la tristesse d'Orphée sur la perte de son Euridice.
Il y a un passage où les flûtes, hautbois & Fagotti vont
unisono; musique qui est dans le genre des Cantiques
(Choral's) allemands, & je dirois que c'est effectivement
un Choral qu'accompagne l'orchestre: c'est donc Orphée
qui chante un cantique funèbre (nénie). Mais la où
l'orchestre se taît, Orphée retombe dans sa profonde
mélancolie. Au dernier Forte-unisono on se rappelle le
»est ausus descendere«. Il est vrai que cette pièce est
un peu longue, & que de plus les répétitions y paroissent
fréquentes. Quand j'ai observé au compositeur, que la
critique pourroit le chicaner là-dessus, il m'a répondu
en souriant; »C'est peut-être que le ,satis deflevit' d'Ovide
m'avoit trop affecté?« — Pour moi je serois fâché qu'il
retranchât quelque chose, cette belle pièce m'ayant paru
aller droit au coeur. 2. Talia dicentem — stupuit Ixionis
orbis. C'est un Allegro moderato qui change en Adagio
& reprend ensuite le Tempo primo. Notez que c'est
Violino solo. Et pourquoi précisément, ai-je dit à Mr.
de D., un Violino solo pour le »talia dicentem« tandis
que Vous voilà avec des Virtuoso qui le sont pour chaque
instrument & principalement pour ceux à haleine? »Vous
ne songez pas, m'a-t-il repliqué, qu'il n'en est pas de-
même ailleurs, & qu'au-jourd'hui l'on n'excelle ordinaire-
ment qu'au violon.« Mais aussi ce Solo m'a-t-il paru
si excessivement difficile dans l'Allegro, qu'il n'en est que
trop digne d'Orphée; Pluton lui-même l'admireroit: & je
le défierois, tout Pluton qu'il soit, de résister à l'Adagio!
Mais que dis-je? la fin de cette pièce vérifié assez le
»stupuit« d'Ovide. 3. Euridicen vocant ... hanc simul

et legem Rhodopeius accipit heros. Ce Minuetto & plus encore l'Alternativo, parlent le langage de la tendresse mutuelle. J'ai cru distinguer à ne pas pouvoir la méconnoître, la promesse d'Orphée de ne point regarder Euridice. 4. Carpitur ... trames ... caligine densus opaca ... flexit amans oculos; et protinus illa relapsa est. La Marche de cet Adagio est incertaine & chancelante comme celle de l'heureux couple qui remonte vers les mortels. Le Cantabile m'a semblé exprimer le désir d'Euridice d'être regardée d'Orphée; & là, où l'Adagio est entrecoupé, l'on se doute bien de ce qui arrive! Le Vivace offre parfaitement l'idée de ces deux vers; »Bracchiaque ... auras«. On se souviendra, que nonobstant le »protinus« du texte, ce n'est pas la foudre qui tue Euridice; & la musique est exactement dans le goût de la belle description qu'en fait le poète; »Supremumque vale ... eodem est«. Le dernier Allegretto substitue aux idées tristes dont on n'avoit pû se défendre, cette impression douce & gaie même, qui vous remet à votre aise.

XI. Sinf. Midas élû pour Juge entre Pan & Apollon.

Cette sinfonie est par-ci par-là du dernier comique comme l'exige le sujet; Mais l'art ne laisse pas d'y briller de tous côtés, & très-souvent il vous ravit au point de vous faire oublier qu'il s'agissoit de rire. 1. Et leve cerata modulatur arundine carmen. Rien de plus trivial que ce Moderato à flûte obligée. Il est impossible de ne pas éclater de rire; Mais les dissonances ménagées avec tant d'art, ainsi que les solutions également entendues, font souvenir & du nom du compositeur, & de l'horreur que ces misères ont dû faire à Tmole. 2. Quorum dulcedine captus Pana jubet Tmolus citharæ submittere cannas. Ce Largo contraste, comme on peut l'imaginer, avec la pièce précédente. C'est l'accompagnement d'un Cantabile à Oboë Solo, & l'harmonie en est céleste! 3. Arguitur tamen, atque injusta vocatur unius sermone Midae. Le Minuetto est absolument à la Midas; Mais l'Alternativo est digne d'Apollon. Quels accens! quelle harmonie! & que l'on veut de mal à Midas! prenant un ton d'autorité il interrompt Apollon, & tout reprend le train d'auparavant! 4. Induiturque aures lente gradientis aselli. C'est un vivace qui exprime avec beaucoup de véhémence la colère d'Apollon & de sa suite. Le Compositeur a fait ici un usage singulier des Triole pour exprimer les ris mocqueurs des compagnons d'Apollon. Je passe sous silence que le compositeur a suivi ici certain autre Caprice; je préfère de donner aux auditeurs le plaisir de la surprise.

XII. Sinf. Ajax & Ulisse qui se disputent les armes d'Achille.

1. Et mecum confertur Ulisses! Contre-point digne de l'Orateur, qui parle! 2. Meaque haec facundia... invidia careat. Ce récitatif accompagné amène un Air, qui, je l'avoue ingénûment, m'a fait chercher des yeux le Virtuoso qui le chantoit; il y a plus: j'ai cru distinguer quelques-unes des paroles, fâché que le reste m'échappât. C'est pour faire juger combien ce chant a dû être décevant, que je confesse avoir eu peine à revenir de mon erreur, quand je me suis apperçu que la charme sortoit d'un violoncello! 3. Fortisque viri tulit arma disertus.

Le Minuetto paroît célébrer la victoire d'Ulisse, & l'Alternativo exprime le dépit d'Ajax. (Ici le compositeur s'approchant de moi; »N'allez pas croire au moins«, m'a-t-il dit, »que j'aie voulu faire une satire.«) 4. Invictumque virum vincit dolor . . . in pectus . . . letalem condidit ensem. — Rubefactaque sanguine tellus . . . genuit de cespite florem. L'Allegro molto est d'une force extrême; c'est la rage d'Ajax. Lorsque l'orchestre se taît, & que les Violini primi parcourent rapidement deux octaves, l'on sent que le héros excédé se perce le cœur. Il est naturel, je crois, que durant la pause assez longue qui se fait ici, l'on s'imagine voir couler le sang; & l'exécution merveilleusement exacte du Diminuendo a fait sur moi un effet que j'ai été très-aisé de voir dissipé par un Adagio qui range parmi les plus flatteurs, & qui assurément n'échappera pas à ceux qui sont en possession des Ancora! —

Voilà ce que j'avois à dire sur ces 12 Sinfonies; elles sont d'un genre à ne pouvoir absolument entrer dans le monde sans avoir été annoncées. Je sens assez qu'il faudroit qu'elles le fussent par un juge reconnu pour tel; Mais comme le libraire, ne me connoissant que de nom & en qualité d'ami de Mr. d. D. pourroit très-bien avoir précipité son entreprise, il faut, ou que sa réussite s'en ressente, ou que je lui serve de pis-aller. Solitaire comme je le suis, je n'ai que très-peu de moyens de distribuer dans l'Allemagne cet essai d'analyse; & je crains qu'il ne parvienne aux étrangers, que lorsque le terme fixé par le libraire, sera écoulé. En ce cas-là je me contenterai d'avoir excité la curiosité de ceux qui dirigent de grands orchestres. C'est pour cet effet que j'ai cru devoir nommer ici quelques-uns de mes amis,

qui voudront bien consigner les prénumérations, & en
prévenir le libraire. [Folgt die Liste der Subscribenten.]

Trop-heureux de contribuer à la réussite d'une entreprise qui pourroit nous valoir une seconde douzaine de
Sinfonies, servant de suite à celles-ci, je prie ceux qui
partagent avec moi le zèle pour la musique, d'interposer
leurs bons offices. Je profite de l'occasion pour tirer de
l'oubli un des plus-excellens compositeurs. C'est le Sr.
C. Schimpke à Johannisberg. Les amateurs n'ont qu'à
se procurer de ses concerts & autres compositions pour
le hautbois, le basson, la flûte, la clarinette, les cors, le
cor-de-basse, & la violoncelle, & je suis sûr que ce Virtuoso parviendra dans peu à la célébrité qu'il mérite.
Il est Bohémien, comme le Sr. F. S. Sander à Breslau
dont les sonates & sonatines pour le clavicorde (en
allemand Clavier) ont vérifié ce que j'en avois dit dans
les temps, & qui se dispose à publier des pièces pour le
chant, comme aussi des sinfonies.

A **Breslau**, ce 2 Juillet 1786.

J. T. Hermés
Prévôt-Ecclésiastique, Pasteur, & Assesseur
au Consistoire.

Pierer'sche Hofbuchdruckerei Stephan Geibel & Co. in Altenburg.